Maarten Rutgers

AMBULANTISIERUNG

Eine Lösung für
Kostenwachstum, Qualität
und Fachkräftemangel?

novum ◢ pro

Bibliografische Information
der Deutschen Nationalbibliothek:

Die Deutsche Nationalbibliothek
verzeichnet diese Publikation in
der Deutschen Nationalbibliografie.
Detaillierte bibliografische Daten
sind im Internet über
http://www.d-nb.de abrufbar.

Gedruckt in der Europäischen Union
auf umweltfreundlichem, chlor- und
säurefrei gebleichtem Papier.

© 2025 novum publishing gmbh
Rathausgasse 73, A-7311 Neckenmarkt
office@novumverlag.com

ISBN 978-3-7116-0481-1
Lektorat: Joshua Idstein
Umschlagfoto: Space Girl –
One Line & Two Faces (2024) von
Lara Deutz, www.laradeutz.com
Umschlaggestaltung, Layout & Satz:
novum Verlag
Innenabbildung:
© Panton (https://www.panton.nl/en)

www.novumverlag.com

INHALTSVERZEICHNIS

VORWORT

Ein gut funktionierendes Gesundheitswesen ist eine der wichtigsten Säulen in der Gesellschaft. Und deshalb wundert es uns nicht, wenn fast jede Woche in der Zeitung ein Artikel über das Gesundheitswesen erscheint. Immer häufiger ist der Inhalt vorhersehbar, immer mehr wird in vielen Ländern über Kosten, Qualität und im letzten Jahr vor allem über den Fachkräftemangel geschrieben.

Immerhin sind wir laut Umfragen zufrieden mit der guten Gesundheitsversorgung. Die Frage ist aber, ob das so bleiben wird. Wie gut unsere Gesundheitsversorgung in Wirklichkeit ist, zeigt eine Studie vom „Commonwealth Fund" aus dem Jahr 2021. In der Gesamtwertung der elf untersuchten Länder befindet sich die Schweiz an neunter, Deutschland an fünfter und die Niederlande an zweiter Stelle nach Norwegen. Die Vereinigten Staaten sind an letzter Stelle zu finden.

Die Krankenversicherungsprämien steigen jährlich. Immer mehr Einwohner haben Mühe, die Prämien zu zahlen. Es wird deutlich, dass die Kostensteigerung des Gesundheitswesens gebremst werden muss. Wäre das möglich, ohne die Qualität negativ zu beeinflussen? Und wie sorgen wir dafür, dass der Fachkräftemangel nicht der große Stolperstein im Gesundheitswesen wird?

In diesem Buch versuche ich aufzuzeigen, wie die Situation im Gesundheitswesen in der Schweiz, Deutschland und in den Niederlanden ist, in Bezug auf Entwicklung der Kosten, der Qualität und des Fachkräftemangels.

Wie kann man die Erfahrungen mit der Ambulantisierung – ambulant vor stationär ist seit mehr als 25-30 Jahren ein Thema in den Niederlanden – in neuen Ansätzen in der Schweiz oder auch in Deutschland umsetzen?

Es ist kein rein wissenschaftliches Buch geworden. Das war auch nicht beabsichtigt. Stattdessen soll es zum Nachdenken anregen und neue Ideen generieren, wie mit den Problemen klarzukommen ist. Jedes Land hat seine eigene Kultur, wozu auch das Gesundheitswesen gehört. Wo man Änderungen im Gesundheitswesen vornimmt und wie, muss zu dieser Kultur passen.

Fuß- oder Endnoten sind nicht vorzufinden. Das Buch enthält am Schluss eine Übersicht über die zitierte und zum Thema passende Literatur.

Verschiedene Teile dieses Buches sind auch von mir beschrieben in meinem Buch *Umdenken im Gesundheitswesen* – manchmal viel ausführlicher, manchmal nur angedeutet – wie zum Beispiel der Fachkräftemangel oder die Ambulantisierung. Deshalb stimmen einige Textteile inhaltlich überein, jedoch nicht wörtlich.

EINLEITUNG

Die drei im Vorwort genannten Themen – Kosten, Qualität und Personalmangel – spielen im Gesundheitswesen eine wichtige Rolle in den Diskussionen über die Zukunft, wobei die fundamentale Frage lautet, ob wir uns ein qualitativ hochwertiges Gesundheitswesen weiterhin noch leisten können. Die Themen sind intensiv miteinander verbunden.

Interessanterweise sind die Kosten kein neues Thema. Schon seit mindestens anderthalb Jahrhunderten redet man von unerbittlich weiterwachsenden Kosten. Daran hat sich bis heute nichts geändert. Jedes Jahr im Herbst wird die Bevölkerung erneut mit diesem Problem konfrontiert, wenn die Krankenkassenprämien oder -beiträge für das nächste Jahr präsentiert werden.

Die Diskussion über Qualität ist nicht eindimensional. In der Bevölkerung grassieren nur Vorbilder aus dem Bekannten- und Familienkreis. Hie und da erscheint ein Artikel über Missstände oder große Erfolge in der Zeitung. Dabei lässt sich über Qualität im Gesundheitswesen viel mehr sagen.

Ein immer mehr in den Vordergrund tretendes Problem stellt der Fachkräftemangel dar. In vielen Ländern wird man in den nächsten Jahren schätzungsweise Tausende Mitarbeiter, vorwiegend Pflegepersonal und Ärzte, zu wenig haben. Jetzt schon ist es an manchen Stellen fast unmöglich, ärztliche Nachfolger zu finden sowie Lücken in der Pflege zu schließen.

Wie es auch sei, der einzelne Bürger spürt, dass er immer mehr Geld ausgeben muss, um eine medizinische Versorgung zu bekommen. Was er selbst sieht, sind die Krankenkassenprämien, die Diskussionen über Defizite in den Spitälern, über die Gehälter der Spezialärzte und der Spitalführung, über teure Medikamente, über den Mangel an Hausärzten und an Fachkräften im Gesundheitswesen im Allgemeinen.

Umfragen in der Bevölkerung zeigen eine große Zufriedenheit trotz dieser Probleme. Eine qualitativ hochstehende und fast überall gut erreichbare Gesundheitsversorgung darf etwas kosten. Das heißt noch lange nicht, dass im Gesundheitswesen alles in Ordnung ist.

In diesem Buch werden die Erfahrungen im Gesundheitswesen der Niederlande der letzten 25-30 Jahre dargestellt, wobei das zentrale Thema die Ambulantisierung ist, und mit der Situation in der Schweiz und Deutschland verglichen. Hie und da ist das nicht einfach, weil Begriffe nicht immer deckungsgleich verwendet werden. An erster Stelle ist es wichtig, die im Buch benützten Begriffe Hausarzt und Spezialarzt zu erklären, da diese zu Missverständnissen führen könnten. In Deutschland und in der Schweiz ist der Hausarzt ein Facharzt für Allgemeinmedizin, in der Schweiz zuweilen auch ein Facharzt für Allgemeine Innere Medizin. Die Hausärzte werden in den Niederlanden nicht zu den Fachärzten gerechnet, sondern sind eine Kategorie für sich mit einer eigenen Aus- und Weiterbildung. Um Missverständnisse zu vermeiden, benütze ich nur die Begriffe Spezialarzt und Hausarzt. In den Niederlanden führen Spezialärzte, auch freiberuflich tätige, ihre Sprechstunden im Spital durch. Sie sind eingebunden in der Spitalorganisation. Die Krankenkassen rechnen die Leistungen nicht mit ihnen ab, sondern mit den Spitälern. Überweisungen vom Hausarzt zum Spezialarzt sind deshalb automatisch Überweisungen zum Spital.

STAND DER DINGE: KOSTEN, QUALITÄT, FACHKRÄFTEMANGEL

Die in der Einleitung kurz angedeuteten Themen verlangen eine ausgedehntere Beschreibung, um zu verdeutlichen, welche Elemente eine Rolle spielen und wo Verbesserungen ansetzen könnten. Erst werde ich auf das Thema Kosten eingehen, gefolgt vom Thema Qualität. Als drittes widme ich mich dem Fachkräftemangel. Der ist in vielen Ländern das überaus wichtigste Thema von tagesaktueller und zukünftiger Brisanz. Hier wird verzweifelt nach Lösungen gesucht.

KOSTEN

Die Kostenentwicklung führt an vielen Orten in der westlichen Welt zu unerwünschten Situationen. Entweder ist die medizinische Versorgung aus finanziellen Gründen beschränkt vorhanden oder von mäßiger Qualität. Teilweise bekommt man keine medizinische Versorgung, weil man nicht versichert ist oder keine ausreichenden Mittel besitzt, um die entstehenden Kosten zu tragen. Die Folge: Nur Gutbetuchte können sich eine medizinische Versorgung von guter Qualität leisten. In der westlichen Welt sind die Vereinigten Staaten das ausgeprägteste Beispiel. Dort findet man um die 30 Millionen Unversicherte, das entspricht ungefähr 9 % der Bevölkerung. Weiter führt das Fehlen von medizinischer Versorgung zu einigen Zehntausenden Todesfällen pro Jahr. Im Spital oder beim Arzt wird erst festgestellt, ob eine Krankenversicherung die Behandlung zahlt oder ob man selbst zahlen muss und dazu im Stande ist. Anders gesagt, beim Empfang zeigt man eine Versicherungskarte oder eine Kreditkarte mit genügend Saldo. Übrigens kann ein me-

dizinisches Problem nicht nur in den Vereinigten Staaten zum
Bankrott führen.

KOSTENENTWICKLUNG IN VERSCHIEDENEN LÄNDERN

Das Gesundheitswesen ist tatsächlich kostspielig. Die Vereinigten Staaten, gefolgt von Deutschland und Frankreich, sind am
teuersten. Auch die Schweiz hält eine Spitzenposition. Die Niederlande stehen niedriger in der Tabelle.

Ausgaben Gesundheitswesen in Prozentsatz BIP
(https://data-explorer .oecd .org/ [Update: 3. Februar 2025])

Land	2019	2020[1]	2021[1]	2022[1]	2023[2]
USA	16,6	18,6	17,3	16,5	16,7
Deutschland	11,7	12,7	12,9	12,6	11,8
Frankreich	11,1	12,1	12,3	11,9	11,6
Schweiz	11,4	12,0	12,0	11,7	12,0
Österreich	10,5	11,3	12,2	11,2	11,2
Belgien	10,8	11,2	11,0	10,8	10,9
Schweden	10,8	11,3	11,1	10,5	10,9
Die Niederlande	10,1	11,2	11,1	10,1	10,1
Dänemark	10,2	10,7	10,7	9,5	9,4
Italien	8,7	9,6	9,3	9,0	8,4
Norwegen	10,4	11,4	9,8	7,9	9,3

1 Pandemie mit SARS-CoV-2
2 teilweise Einschätzungen/vorläufige Daten

Betrachtet man die Kosten pro Kopf der Bevölkerung, zeigt sich, dass die Ausgaben im Gesundheitswesen Deutschlands und der Schweiz höher sind als in den Niederlanden.

Ausgaben Gesundheitswesen in Prozentsatz BIP
(https://data-explorer.oecd.org/ [Update: 3. Februar 2025])

Land	2019	2020[1]	2021[1]	2022[1]	2023[2]
7317,9					
USA	10189,1	11081,4	10924,0	10634,6	10827,5
Schweiz	6762,7	6880,5	7255,2	7213,7	7317,9
Deutschland	5915,1	6212,2	6516,9	6391,9	5971,3
Norwegen	5953,1	6060,3	6275,3	6331,4	6215,5
Österreich	5224,7	5262,4	5896,3	5518,6	5343,1
Die Niederlande	5187,2	5502,5	5754,0	5347,8	5332,2
Schweden	5184,2	5255,1	5472,3	5292,5	5391,5
Belgien	5065,4	5014,1	5278,7	5140,8	5203,7
Frankreich	4806,8	4816,8	5228,5	5133,4	5014,5
Dänemark	4980,6	5171,3	5562,8	5070,4	4812,3
Italien	3238,4	3326,6	3505,9	3382,6	3248,7

1 Pandemie mit SARS-CoV-2
2 teilweise Einschätzungen/vorläufige Daten

Die Übersichten von OECD (Organisation for Economic Cooperation and Development) oder EHCI (European Health Consumer Index) kommen aus Quellen, die pro Land in diesen Berichten enthalten sind. Schwierig erweist sich, dass die angegebenen Datensammlungen nicht immer das Gleiche umfassen. Vergleiche bleiben somit zwangsläufig ungenau. Weiter gibt es in einigen Ländern nur nationale Daten, in anderen

nur regionale, von Kantonen, Provinzen usw. Nebenbei gibt
es Daten, die aus der eigenen Statistik von oben genannten
Ländern hervorkommen. Diese weichen manchmal von den
OECD-Daten ab. Zum Schluss: Die vorhandenen Daten, jedoch
nicht die obengenannten Daten, stammen nicht immer aus denselben Jahren. Mitunter liegen sie bis zu 5 Jahre auseinander.

SIND DIE REALISIERTEN LEISTUNGEN
NOTWENDIG UND SINNVOLL?

In einem Bericht über Verschwendung aus 2017 sticht eine Aussage
vom OECD hervor: „[E]in erheblicher Anteil von den Ausgaben
im Gesundheitswesen ist bestenfalls nutzlos und schlimmsten-
falls verschwenderisch" (S. 3). Es geht hier um mehr als nutzlose
Behandlungen. Im Bericht bedeutet verschwenderisch einerseits:
„Leistungen und Prozesse sind entweder schädlich oder bringen
keinen Nutzen", anderseits: „Kosten, die durch billigere Alter-
nativen mit gleichem oder besserem Nutzen vermieden werden
könnten" (S. 19). Viel hat sich inzwischen nicht geändert.

Die amerikanische National Academy of Medicine weist in
einem Bericht aus dem Jahr 2024 darauf hin, dass das System
ineffizient funktioniert. Daraus folgt eine große Verschwendung:
„Leider wird bis zu einem Drittel des ausgegebenen Geldes wegen der Ineffizienz des Gesundheitssystems verschwendet. Die
Versorgung ist nach wie vor zu teuer, weil der Markt versagt und
Anreize geschaffen werden, die eine unnötige, fragmentierte oder
sogar schädliche Versorgung, überhöhte Preise und einen hohen
Verwaltungsaufwand begünstigen" (S. 9). Die Autoren sind nicht
sehr zuversichtlich, dass man in Kürze Änderungen erwarten darf.

Im nachfolgenden liegt der Fokus auf direkten medizinischen
Leistungen.

Ein Drittel der Operationen und Behandlungen in den USA
und Kanada wird als unnötig eingeschätzt. In Europa wird die
Situation wahrscheinlich ähnlich sein.

Ausgeführte Behandlungen sollten bewiesen erfolgreich sein, aber Untersuchungen in den Niederlanden ergeben, dass in der Hälfte der Fälle im Spital unbekannt ist, ob diese Voraussetzung stimmt. Ebenso ist der Nutzen von vielen täglichen pflegerischen Handlungen umstritten. Bei geschätzt zwei Dritteln ist ein Nutzen nicht bewiesen. Vielfach übergeht man die Situation, dass für 80 % der Richtlinien und Protokolle ein wissenschaftlicher Nachweis fehlt. Es sind höchstens Hinweise zu finden. Sogar in den sogenannten Cochrane Reviews – international anerkannte Meta-Analysen von höchster Qualität – findet eine Gruppe Untersucher um Jeremy Howick, Professor für *Empathic Health Care* an der Universität von Leicester, wenige qualitativ hochwertige Beweise für viele in renommierten wissenschaftlichen Zeitschriften publizierte Behandlungen. Nur 5,6 % der Behandlungen könnte man als bewiesen erfolgreich erachten, 8,1 % waren in hohem Maße schädlich, der Rest ist höchstens zweifelhaft zu nennen.

Die internationale Liste *choosing wisely*, die alle unnötigen Diagnosen und Behandlungen enthält, wird in vielen Ländern benutzt. Diese umfasst bewiesen schädliche Diagnostik und Behandlungen, und solche, die keinen Beitrag zum Gesundwerden liefern. Landesspezifische Listen findet man in verschiedenen Ländern Europas. Ebenso ist man an manchen Stellen beschäftigt, solche aufzustellen.

In der Schweiz und Deutschland sind solche Initiativen in sogenannten Top-5-Listen zu finden. In der Schweiz gehört die Initiative *smarter medicine Choosing Wisely Switzerland* dazu (https://www.smartermedicine.ch/de/home). Der große finanzielle und personelle Aufwand erweist sich dabei hinderlich. In Deutschland setzt sich vor allem die Deutsche Gesellschaft für Innere Medizin (DGIM) mit der Initiative *Klug entscheiden* für Empfehlungen dieserart ein (https://www.klug-entscheiden.com/).

Für verschiedene medizinische Berufe in den Niederlanden bestehen sogenannte *Beter niet doen* (Besser nicht tun)- oder *Beter laten* (Besser seinlassen)-Listen. Der Niederländische Verband der Universitätsspitäler ließ eine sehr umfassende

Liste mit Empfehlungen – es wurden 1366 gefunden – für Änderungen in den medizinischen Richtlinien zusammenstellen. Solche Listen einfach zu übernehmen, wäre falsch. Sie können sehr wohl als Anleitung für die Zusammenstellung eigener Listen benützt werden. Solche Initiativen kommen langsam voran. Ärzte und Pflegefachkräfte verzichten nicht gerne auf sogenannte altbewährte Diagnostik oder Therapien. Das Festhalten an schon lang angewandten Behandlungen und Untersuchungen, wobei die angenommene Wirksamkeit nicht der Wirklichkeit entspricht, bezeichnet David Casarett, Professor für Medizin an der Universität Pennsylvania, als *therapeutic illusion*. Hier spielen viele Faktoren eine Rolle: finanzielle Anreize, die Angst, verklagt zu werden, vorurteilsbehaftetes Wissen, die medizinische Ausbildung, die Pharma- und Medizinprodukteindustrie und die Kultur des ‚Mehr-ist-besser‘ in der Öffentlichkeit und bei Ärzten.

GRUNDVERSORGUNG

Das Faktenblatt *Medizinische Grundversorgung* der Schweiz hält fest: „Bund und Kantone anerkennen und fördern die Hausarztmedizin als einen wesentlichen Bestandteil der Grundversorgung. Dies, weil die Hausarztmedizin eine wichtige Aufgabe bei der umfassenden Betreuung der Patientinnen und Patienten übernimmt und das Rückgrat der ärztlichen Grundversorgung darstellt". Barbara Starfield, ehemalige Professorin und Kinderärztin an der Johns Hopkins University, und ihre Mitautoren haben in mehreren Studien nachgewiesen, dass, wo diese Situation besteht, die Grundlage geschaffen ist für ein gut funktionierendes, kostengünstiges und resultatlieferndes Gesundheitswesen. Barbara Starfield hat in vielen Ländern über die ganze Welt hinweg Untersuchungen durchgeführt. Dionne Kringos beschreibt in ihrer Doktorarbeit die Situation in Europa. Die Grundversorgung als solche sei ausgedehnter als die Hausarztmedizin, aber zentral seien die Hausarztpraxen. Wichtig dabei sei das sogenannte Hausarztmodell in der Schweiz oder das Gatekeeper-Modell in den Niederlanden.

Zwischen Hausärzten und Spezialärzten in den Niederlanden bestehen große Unterschiede in der Praxisführung. Mehr als die Hälfte der Hausärzte ist der Meinung, dass in der Spezialarztpraxis viel Unnötiges gemacht werde und viel Doppelspurigkeit aufträte. Bereits durchgeführte Untersuchungen werden ohne Grund routinemäßig wiederholt. Kontrollen werden ohne Bedarf durchgeführt. Als Gründe für dieses Verhalten wird vermutet, dass man zu wenig Zeit hat, die Akten nicht gut gelesen werden, Behandler ständig wechseln, den Untersuchungsresultaten einer anderen Praxis/Klinik weniger Vertrauen entgegengebracht wird, oder dass immer noch alte Diagnostik verwendet wird, obwohl es neuere und bessere gibt. Wider besseres Wissen benützt der Arzt alte Diagnostik und schenkt ihr mehr Vertrauen. Dasjenige, was man in der Ausbildung gelernt hat, gibt man nicht einfach für andere Möglichkeiten auf. Gespräche mit Hausärzten in der Schweiz führen nicht zu anderen Einsichten.

DIE BEVÖLKERUNG

Ein für die Bevölkerung vielleicht brisanteres Problem sind die jedes Jahr steigenden Krankenkassenprämien. Dabei herrscht das Gefühl, dass die Leistungen nicht besser werden, dass es an Hausärzten fehlt und die Wartezeiten im Spital immer länger werden. Wie lange kann es so weitergehen? Wird das Gesundheitswesen unbezahlbar? Wo werden Lösungen gesehen? Woran wird gedacht? Wie wäre es mit einer Kostenreduktion, aber wo? Eine andere Lösung wäre eine Kostendeckelung – eine Zielvorgabe für das maximale Kostenwachstum. Bis jetzt werden die erhöhten Kosten, die zu einem immerzu wachsenden Defizit in vielen Spitälern in der Schweiz führen, von den Kantonen getragen, mit Ausnahme der privaten Spitäler. Eine andere Möglichkeit sei mehr Konkurrenz oder sogar eine Einheitskasse oder ein Staatsgesundheitssystem. In den Niederlanden sieht die

Situation anders aus. Schon seit vielen Jahren gibt es offiziell eine landesweite Kostendeckelung für Akutmedizin. Da diese Obergrenze nicht pro Spital bestimmt werden kann, gibt es immer wieder Überschreitungen im Totalen. Dann kann die Regierung in der Folge für das nächste Jahr eine tiefere Obergrenze festlegen, damit eine Kompensation zustande kommt. Spitäler in finanziellen Problemen werden nicht vom Staat, der Provinz oder Gemeinde unterstützt. Dies hat in den letzten Jahren zu einem Konkurs von einigen Spitälern geführt.

Dazu kommt die Frage, welche Rolle und Position die Krankenkassen haben. Wie aktiv sind sie? Wie verhalten sie sich zu den Entwicklungen im Gesundheitswesen? Können sie selbstständig bestimmen und wenn ja, wieviel? Welche Krankenkasse sollte man wählen? Welche Police ist vernünftig? Braucht man eine Zusatzversicherung? Ist deutlich, ob man etwas selbst bezahlen muss, oder ob nicht? Und auf welcher Grundlage? Das ganze System wird von vielen Leuten in den Niederlanden, in Deutschland und in der Schweiz als viel zu kompliziert empfunden.

QUALITÄT

Die Qualität gehörte schon immer zur Domäne des Arztes, des Profis, als ein Teil der Autonomie des Fachmannes. Erst im Jahr 1966 wurde sie zum wissenschaftliches Thema, als der Arzt Avedis Donabedian in The Milbank Memorial Fund Quarterly einen langen Artikel *Evaluating the Quality of Medical Care* (Qualitätsbeurteilung von ärztlicher Leistung) veröffentlichte. Er teilte die Qualität der medizinischen Versorgung nach *structure, process and outcome* (Struktur-, Prozess- und Ergebnisqualität) ein. Die Diskussion über dieses sogenannte Donabedian-Modell oder Qualitätsmodell nach Donabedian fing erst in den Achtzigerjahren richtig an. Am Anfang fokussierte man sich auf die Struktur, später auf den Prozess. Seit einiger Zeit konzentriert man sich intensiv auf das Ergebnis. Ein Vorbild sind die Mindestfallzahlen. Aus Untersuchungen geht hervor, dass wenn ein Arzt eine operative Behandlung öfter durchführt, die Resultate besser sind. Dabei spielt nicht nur der Arzt eine Rolle, sondern das ganze, gut eingespielte Team und die Umstände, worunter die Behandlung stattfindet. Wichtig ist, ob man der Prozedur folgt, ob man offen über Probleme während der Behandlung spricht und ob man die Resultate, sowohl die medizintechnischen als auch die vom Patienten angegebenen, multidisziplinär bespricht, um nur einige Sachen zu nennen. In Ihrer Dissertation beschreibt Maike Schepens, dass Prostataentfernungen in niederländischen Spitälern ein besseres Resultat – 52 % weniger Urininkontinenz – zeigen, wenn mehr als 120 Operationen pro Jahr durchgeführt werden. Wahrscheinlich werden die Resultate noch besser, wenn pro Spital nur einzelne Urologen die Eingriffe durchführen. Extreme Vorbilder sind die Martiniklinik für Prostatakrebsbehandlung (https:/www.martini-klinik.de/) in Hamburg, mit mehr als 2 600 Behandlungen pro Jahr oder das Shouldice Hernia Hospital (https://www.shouldice.com/) in Ontario mit mehr als 6 500 Leistenhernien-Operationen pro Jahr. In beiden Spitälern werden ausgezeichnete Resultate erzielt. Zu dieser Entwicklung passt, dass bei der Beurteilung des Prozesses die Meinung des Patienten von Ärzten im Spital als sehr wichtig anerkannt wird. Dabei geht es um mehr als nur um das Ergebnis der Behandlung oder der Erfahrung des Patienten, die mit Hilfe von PROM (Patient Reported Outcome Measurement) oder PREM (Patient Reported Experience Measurement) festgestellt werden können.

In den letzten Jahren wurde der Patient vom leidenden, den Ärzten ausgelieferten Objekt zum Mittelpunkt. Heute soll der Patient aktiv werden; der Patient wird zum Partner. Diese Änderung verläuft nicht von selbst. Patient und Arzt suchen jeder für sich und beide zusammen danach, wie sie diese Rolle gestalten können (siehe auch das Kapitel *Partnerschaft*). Eine Patientenbeteiligung soll laut der WHO zu 15 % weniger Qualitätsproblemen führen.

QUALITÄTSPROBLEME

In den Jahren 1999 und 2001 erschienen in den Vereinigten Staaten zwei Publikationen vom Institute of Medicine mit den Titeln *To err is human* (Irren ist menschlich) und *Crossing the Quality Chasm* (Überschreiten der Qualitätslücke). Es wurde deutlich, welche Qualitätsprobleme in den Spitälern in den Vereinigten Staaten auftreten. Jedes Jahr werden mehr als 40 000 Todesfälle, 2–4 % der Patienten, als Folge von Behandlungsfehlern gesehen. Auf Grund von unzuverlässigen Daten ist möglicherweise die Zahl noch bis zehnmal höher. „Fehler [...] seien kostspielig in Bezug auf den Verlust des Vertrauens der Patienten in das Gesundheitswesen und der Zufriedenheit sowohl von Patienten als auch von Profis", wird geschrieben (S. 2). In den Spitälern treten zum ersten Mal viele Sicherheits- und Qualitätsprobleme hervor. Diese Resultate wurden nicht erwartet und führten zu vielen entsetzten Reaktionen in der Öffentlichkeit. Was niemand erwartet hatte: die Sicherheit im Gesundheitswesen ist wesentlich kleiner als zum Beispiel im Straßenverkehr, bei Flugreisen und beim Bergsteigen. Über die Zahl der Verkehrstoten – die größte Anzahl von Opfern findet sich in der höchsten Altersgruppe – wird in der Presse, ebenso in der Politik, viel Aufhebens gemacht. Die vermeidbaren Todesfälle im Spital, in absoluten Zahlen deutlich höher als im Verkehr, werden ohne weitere Diskussionen akzeptiert.

Um die 800 000 Patienten sterben oder werden schwer behindert wegen diagnostischer Fehler in Spitälern, das geht aus einer aktuellen Studie von Harvard und Johns-Hopkins University hervor. Eine andere Studie mit 2 400 schwer kranken Patienten in der Intensivmedizin zeigt in 23 % diagnostische Fehler, die zu Schaden oder sogar Sterbefällen führten.

PATIENTENSICHERHEIT

Die WHO berichtet seit dem Jahr 2019 über Patientensicherheit. Die Resultate sind nicht sehr erfreulich. Zu den zehn häufigsten Todesursachen zählen medizinische Behandlungen. Kleinere oder größere unerwünschte Nebenwirkungen der Behandlung werden bei fast der Hälfte der Patienten gefunden. Dabei geht es um Fehldiagnosen und Probleme, verursacht von fälschlich verschriebenen Medikamenten oder fehlerhafter Anwendung von Arzneimitteln. Bei älteren Personen kommt es häufig zu einer Kombination von zu vielen Medikamenten. Dies führt vielfach zu Problemen, die in den meisten Fällen vermieden werden können.

Chirurgische Eingriffe gehen bei einem Viertel der Patienten mit Komplikationen einher. Diese sorgen jährlich weltweit für eine Million Sterbefälle. 10 % Prozent der Patienten in den Industrieländern werden durch die Spitalbehandlung geschädigt, wobei die Hälfte der Fälle vermieden hätte werden können. Wird versucht, diese Fehler zu beheben, entstehen damit einhergehende Extrakosten. Diese belaufen sich auf etwa 15 % der gesamten Spitalkosten laut einer OECD-Studie aus dem Jahr 2017.

All dies war ein Grund für die WHO, einen Welttag der Patientensicherheit mit dem Motto *Speak up for patient safety* auszurufen. Die Aussage der WHO dabei: „Alle fünf Minuten stirbt irgendwo auf der Welt ein Mensch, weil ihm das Gesundheitswesen geschadet hat". Das Problem ist in ärmeren, nicht-industrialisierten Ländern größer, aber es tritt weltweit auf.

MEDIZINISCHE FEHLER

Als Folge der amerikanischen Studien wurde vom Untersuchungsinstitut NIVEL in den Niederlanden aufgezeigt, dass jedes Jahr der Tod von etwa 1 700 Patienten, oder 4,1 % der verstorbenen Patienten im Spital, vermeidbar gewesen wäre – vergleichbar mit den Daten aus den Vereinigten Staaten. Die daraufhin veranlassten obligatorischen Aktionen führten, wie Folgestudien von NIVEL seither zeigen, zu einer raschen und spektakulären Reduzierung der vermeidbaren Todesfälle auf fast die Hälfte. Leider hat diese Zahl nicht weiter abgenommen.

Fehler in der Medikation, Behandlung und Diagnose sind verantwortlich für etwas mehr als die Hälfte dieser Fälle. Der Rest ist durch chirurgische Eingriffe bedingt. Davon wiederum wäre jeder zweite vermeidbar. Diese Resultate sind im international Vergleich gut. In der Schweiz und Deutschland werden derartige Untersuchungen nicht durchgeführt. Vergleichbare Daten fehlen deswegen.

Anderseits findet man Einschätzungen für beide Länder. In Deutschland wird in einer Publikation aus dem Jahr 2014 die Zahl der vermeidbaren Sterbefälle in Spitälern auf 18 800 geschätzt. In der Schweiz kann ebenfalls aufgrund internationaler Daten eine Zahl von 1 000–3 000 Todesfällen berechnet werden.

Fehler in der medikamentösen Behandlung führen jedes Jahr zu etwa 50 000 Spitaleinweisungen in den Niederlanden, davon 23 000 bei Menschen über 65 Jahren. Sie ist die dritthäufigste Todesursache. Ein Spitalaufenthalt führt bei knapp sieben Prozent der Patienten zu einer Infektion. Die klinische Diagnose und die bei einer Autopsie festgestellte Todesursache stimmen regelmäßig nicht überein. Bei unerfahrenen Ärzten werden mehr Fehler und Versäumnisse festgestellt.

Auch in anderen Ländern ist die Situation nicht besser.

FEHLERKULTUR

Um Verbesserungen zu erreichen, wurden in der Schweiz und in den Niederlanden Systeme (Patient Safety Incident Reporting, Critical Incident Reporting System [CIRS]) eingeführt, um Fehler und Irrtümer problemlos zu melden. Dabei handelt es sich um interne Meldungen, die auch intern abgehandelt werden. Größere Probleme, bei denen Patienten (fast) zu Schaden gekommen sind, müssen in den Niederlanden offiziell an den Vorstand und die Aufsichtsbehörde gemeldet werden. Ein spezieller interner Ausschuss untersucht die Angelegenheit und verfasst einen Bericht mit Schlussfolgerungen und Empfehlungen. Die Aufsichtsbehörde bewertet den Bericht und prüft gegebenenfalls, ob die Empfehlungen konsequent befolgt werden. Im Laufe der letzten Jahre wurden mehr Berichte erstellt, was nicht bedeutet, dass mehr Fehler gemacht werden, sondern dass sie offener diskutiert werden. Man ist bereit, miteinander über Fehler zu reden. Die Kultur hat sich verändert.

Inzwischen hat sich die Erkenntnis durchgesetzt, dass ein weiterer Kulturwandel notwendig ist. Eine Kultur, in der es sicher ist und zur Normalität gehört, diese Themen offen miteinander zu besprechen und nach Lösungen zur Vermeidung von Fehlern zu suchen, führt zu weniger Todesfällen. Das kann nicht über Nacht erreicht werden. Es ist noch ein langer Weg bis zu dieser sogenannten Redlichkeitskultur, *just culture*. Auch wenn es im Gesundheitswesen kein Tabu mehr ist, über Unsicherheiten, Fehler und Irrtümer zu sprechen, bleibt es eine Herausforderung. Ian Sabroe, Professor der *Medical Humanities* – das interdisziplinäre Gebiet der Geisteswissenschaften und der Medizin – in Sheffield, und seine Mitautoren schreiben: „Wie dem auch sei, medizinische Tradition und das Gesundheits- und Gesetzessystem würden es nicht zulassen, eine gerechte Kultur zu schaffen, worin die persönliche Erfahrung mit Unsicherheit und Fehlern einfach besprochen werden könne, ohne direkt den Arzt zu stigmatisieren. Dieses Tabu komme teilweise dadurch zustande, dass sich die Profis zur Fantasie der medizinischen Allwissenheit verschworen hätten, die jedem Arzt eine Falle stelle. [...] um dies zu ändern, müsse die Medizin die zwei Mythen von der Allwissenheit und der Unfehlbarkeit abschütteln". Zu diesem Zweck sollte dies in der medizinischen Ausbildung ausdrücklich thematisiert werden.

FACHKRÄFTEMANGEL

Obwohl schon vor vielen Jahren deutlich wurde, dass die umfangreiche Nachkriegsgeneration im Rentenalter zu einer Überforderung des Gesundheitswesens führen könnte, wurde wenig getan, um dies zu verhindern. Den tagtäglichen Problemen wurde mehr Aufmerksamkeit geschenkt als den zukünftigen. Inzwischen ist klar, dass man so nicht weiter machen kann. Ebenso hat uns die Coronapandemie gezeigt, dass das ganze Gesundheitssystem schnell am Anschlag sein kann. Nebenbei ist es so, dass viele Pflegefachkräfte sich in dieser Periode entschlossen haben, aus ihrem Beruf auszusteigen und sich in ein anderes Arbeitsfeld zu begeben oder gar ganz aufzuhören.

PERSONELLE PROBLEME

Überall, wo Kosten eine große Rolle spielen, stellt sich die Frage, ob dieselbe Arbeit auch von weniger Personal oder zu niedrigeren Löhnen geleistet werden kann. Braucht man all diese Leute wirklich? Kann man mit weniger hochqualifiziertem Personal auskommen? Wieviel Personal ohne direkten Patientenkontakt genügt? Wieviel Manager braucht man, usw.? Im Gesundheitswesen ist die Situation nicht anders. Da aber die Betreuung eine menschliche Angelegenheit ist, das heißt, eine zwischenmenschliche Beziehung aufgebaut wird, lässt sich eine Reduktion des Personals nicht leicht bewerkstelligen. Wenn man trotzdem versucht, die Leistungen mit weniger Menschen zu erbringen, führt dies in der Regel zu wachsender Unzufriedenheit von Patienten und Betreuern, da weniger Zeit für den Patienten verfügbar ist. Hier hilft auch Robotisierung und Mechanisierung der Arbeit nicht. Dies führt am Schluss zu einer Abwanderung in andere Berufe. Dazu kommt, dass die Qualität der Betreuung abnimmt, wenn zu wenig Personal anwesend ist. Ebenfalls problematisch ist die Situation, in der viele temporäre Fachkräfte festangestelltes Personal ersetzt. Todesfälle nehmen sogar zu, laut einer englischen Studie von Peter Griffiths (Professor für *Health Sevices Research* an der Universität von Southampton) et al.

Dazu kommt noch die immer weiter zunehmende Bürokratie, die mehr Personal erfordert und zu gleicher Zeit von den Fachkräften so viel Aufwand verlangt, dass diese sich deswegen aus dem Beruf zurückziehen. Darüber später mehr.

Im Ganzen muss man feststellen, dass seit längerer Zeit immer mehr Fachkräfte das Gesundheitswesen verlassen und genügend Nachschub fehlt. Zur gleichen Zeit ist deutlich, dass die Alterung der Bevölkerung zu einem Doppelproblem führt. Einerseits benützen mehr Leute das Gesundheitswesen, anderseits kommen immer mehr Fachkräfte ins Rentenalter. Nicht überall ist das Problem gleich groß. Am schlimmsten ist es im OP-Bereich, auf Intensivstationen, auf Notfallstationen und an manchen Orten auch bei Rettungsdiensten. Zuweilen ist die Situation so ernst, dass Abteilungen teilweise oder gänzlich geschlossen werden müssen – manchmal zeitweilig, manchmal dauerhaft. Als Folge werden Behandlungen aufgeschoben oder der Patient muss in einem anderen Spital (weiter)behandelt werden.

Ein zweites Phänomen ist, dass Fachkräfte mehr Einfluss auf die Durchführung ihrer Arbeit wünschen. Inwieweit dies sich mit anderen Organisationsformen realisieren lässt, ist nicht ganz geklärt. Ein Teil der Fachkräfte entscheidet sich, als Selbstständige zu arbeiten. So können sie ihr Berufs- und Familienleben besser miteinander vereinbaren. Ihre Arbeitszufriedenheit nimmt zu.

Ein positiver Nebeneffekt ist eine höhere Entlohnung, negativ ist die größere Ungewissheit. Für die Spitäler ist dies eine unerwünschte Entwicklung. Einerseits erhöht es die Kosten, anderseits nimmt die Unzufriedenheit unter den Fachkräften auf den Abteilungen zu und die Arbeitsqualität leidet darunter.

Somit verschärft sich in den letzten Jahren der Fachkräftemangel, wobei das schlechte Image des Gesundheitswesens viele junge Leute dazu abbringt, eine Karriere im Gesundheitswesen anzustreben. In den Niederlanden ist die Situation etwas günstiger als in der Schweiz. In den letzten Jahren nimmt die Zahl der Auszubildenden insgesamt wieder zu, aber leider nicht genügend.

In den Vereinigten Staaten steigen vor allem Pflegefachkräfte in Akutspitälern aus. Von jungen Pflegefachkräften, weniger als 44 Jahre alt, drohen mehr als 50 % den Beruf zu verlassen. Die Gründe sind vergleichbar mit denen in Europa, wobei die chronische Unterbesetzung als wichtigster Grund gesehen wird.

Während der Coronapandemie war der Pflegefachkräfterückgang noch stärker. Inzwischen hat sich dieser Rückgang als zeitlich beschränkt erwiesen. Die Zahl der Pflegefachkräfte steigt und ist höher als vor der Pandemie, aber leider ist der Stand immer noch zu tief. Auch die Zahl der Auszubildenden ist in den Vereinigten Staaten zufriedenstellend hoch. Der Ausstieg ist bedauerlicherweise höher, Tendenz steigend. Die Lösungsansätze für diesen Fachkräftemangel sind nicht neu. Sie stimmen größtenteils überein mit denen in Europa. Interessant ist der Vorschlag, dass Pflegefachkräfte und Ärzte gemeinsam gegen die Unterbesetzung kämpfen und die Führung des Spitals unter Druck setzen.

RELEVANTE DATEN

Im Folgenden wird ein kurzer Überblick über einige relevante Daten aus der Schweiz, Deutschland und den Niederlanden gegeben. Die Tabelle ist weitgehend selbsterklärend. Zum besseren Verständnis sind jedoch einige Ergänzungen erforderlich.

Fachkräfte per 1 000 Einwohner
(OECD Health Statistics 2023)

	Deutschland (84,4 Mill. Einwohner)	Schweiz (8,8 Mill. Einwohner)	Die Niederlande (17,9 Mill. Einwohner)
Pflegefach-kräfte 2014 2021	10,72/1 000 Einw. 12,03/1 000 Einw.	16,16/1 000 Einw. 18,39/1 000 Einw.	10,33/1 000 Einw. 11,38/1 000 Einw.
Praktizierende Ärzte 2021	4,5/1 000 Einw.	4,4/1 000 Einw.	3,9/1 000 Einw.

In den drei Ländern besteht eine obligatorische Krankenversicherung, die die Kosten für die medizinische Grundversorgung abdeckt. In den Niederlanden ist der Hausarzt der Gatekeeper, das Tor zur Gesundheitsversorgung. Ein Versicherter kann nicht selbst entscheiden, ob er einen Spezialarzt besucht. In der Schweiz hängt die Vorgehensweise von der Versicherungsart ab. Etwa 40 % der Bevölkerung hat sich für das Hausarztmodell entschieden, das dem niederländischen Modell fast völlig entspricht. Die Zusatzversicherungen, die man in der Schweiz abschließen kann – privat oder halb-privat –, existieren in den Niederlanden nicht mehr. Allerdings gibt es auch dort eine Art Zusatzversicherung, die mehr Physiotherapie, Brillenkosten oder zahnärztliche Leistungen zulässt, um nur einige Beispiele zu nennen.

In der Schweiz gibt es zurzeit noch 39 Krankenkassen, in Deutschland um die 100, in den Niederlanden 10. Dort halten vier große Krankenkassen 85 % des Marktes.

Ein weiterer Punkt ist, dass die Arbeitswoche für Pflegefachkräfte in der Schweiz 42 Stunden umfasst, in den Niederlanden 36 Stunden, in Deutschland in einem neuen 7/7-Modell 35 Stunden. Außerdem haben sowohl die Spitäler als auch andere Gesundheitsinstitutionen in den Niederlanden einen Gesamtarbeitsvertrag für alle Mitarbeiter, auch für Spezialärzte im Lohndienst. Daher kann der Wettbewerb zwischen den Spitälern um Personal nicht über die finanzielle Entschädigung ausgetragen werden.

Die Tabelle zeigt deutlich, dass in den Niederlanden weniger Pflegefachkräfte und Ärzte arbeiten. Das bedeutet nicht zwangsläufig, dass es mehr Personalengpässe gibt. Diese treten vor allem bei den Pflegefachkräften auf. Haus- und Spezialärzte sind vorerst ausreichend vorhanden. Es scheint jedoch, dass viele ausgebildete Allgemeinmediziner keine Lust mehr auf eine eigene Praxis mit all ihrer Verantwortung und bürokratischen Aufwand haben.

MEDIZINISCHES ANGEBOT WIRD GENÜTZT

OECD-Daten zeigen, dass in der Schweiz ein Arzt auf etwa 222 Einwohner kommt, wie auch in Deutschland. Die Zahl der Ärzte nimmt in diesen Ländern seit Jahren zu, übrigens nur um einen kleinen Prozentsatz. In Deutschland um 1–2 %, in der Schweiz um 2 %. In der Schweiz sind es vor allem Ärzte aus dem Ausland, die für den Anstieg verantwortlich sind. Sie machen drei Viertel der neuen Ärzte aus. Gemäß der Verbindung der Schweizer Ärztinnen und Ärzte, FMH (Foederatio Medicorum Helveticorum), wurden fast 40 % der im Jahr 2022 in der Schweiz tätigen Ärzte im Ausland ausgebildet. In Deutschland sind es im Jahr 2023 15 % und in den Niederlanden im April 2024 fast 6 %. In den Niederlanden kommt ein Arzt auf 256 Einwohner. Die Zahl der Ärzte ist seit einiger Zeit stabil, aber in den nächsten Jahren wird ein Wachstum von 2 % erwartet. Die Zahl der Allgemeinmediziner nimmt jährlich um 2 % zu. Dies will nicht heißen, dass diese sich als solche niederlassen. Die meisten von ihnen machen nur Vertretungen. Ausbildungsplätze gibt es allerdings genügend.

Was die Spitäler betrifft, ist der Vergleich etwas heikel. Die Einordnung der Spitäler ist in den verschiedenen Ländern nicht genau dieselbe. Das macht einen Vergleich schwierig. In

der Schweiz gibt es etwa 152 Akutspitäler, in Deutschland etwa
1 893 und in den Niederlanden etwa 70. In allen Fällen sind
in diesen Daten die Rehakliniken mit Betten enthalten. Psy-
chiatrische Kliniken sind nicht eingeschlossen. Daraus ergibt
sich folgendes Bild: Bezogen auf die Bevölkerung gibt es in der
Schweiz ein Spital auf etwa 58 000 Einwohner, in Deutschland
eines auf etwa 57 000 und in den Niederlanden eines auf etwa
256 500. In der Schweiz kommen im Jahr 2021 auf 1 000 Einwohner 3,2 Betten, in Deutschland 5,7 und in den Niederlanden
2,9 so die OECD-Daten. Weil in den Niederlanden die offizielle
Bettenzahl um die zweimal höher ist als die Zahl der benütz-
baren Betten – denn die hängt schließlich vom Personaleinsatz
ab – sind in Wirklichkeit geschätzt nur 1,1–1,2 Betten pro 1 000
Einwohner für Erwachsene im Einsatz. Es überrascht nicht, dass
in den Niederlanden weniger Patienten stationär aufgenommen
werden. Über 70 % oder mehr der Behandlungen sind nicht stationär. Die durchschnittliche Aufnahmedauer beträgt etwa vier
Tage. In der Schweiz liegt sie bei 8,1 Tagen und in Deutschland
bei 8,9 Tagen. Allerdings geht es um Daten aus uneinheitlichen
Jahren und es werden unterschiedliche Definitionen genützt. In
diesen drei Ländern setzt man sich kritisch mit den Zahlen auseinander. Braucht es alle Spitäler? Anhand der gezeigten Daten
könnte man sagen, dass zumindest die Schweiz und Deutschland
mit weniger auskommen sollten. In diesen Ländern sind es die
Kantone respektive die Bundesländer, die dies bestimmen. In
der Schweiz wird regelmäßig argumentiert, dass die Anzahl und
die Verteilung besser Aufgabe des Bundes sein sollten.

Es stellt sich die Frage, ob die heutige, historisch gewachse-
ne Situation geändert werden sollte. Einerseits sind mit mehr
Spitälern zwar höhere Kosten zu erwarten, andererseits ist ein
Spital in nächster Nähe ein Wunsch vieler Einwohner. Übrigens ist dieser Wunsch nicht überall gleich stark ausgeprägt.
Viele erkennen, dass sie für höhere Qualität auch größere Ent-
fernungen hinnehmen. Ein Punkt, der in der Diskussion meist
untergeht, ist, wie das Spital genutzt wird. Bereits im Jahr 1961
zeigte Milton Roemer, damals Vorsitzender des Department

of Public Health der Universität von Kalifornien in Los Angeles (UCLA), dass mehr Patienten aufgenommen werden, wenn es in einer Region mehr Spitäler oder mehr Betten gibt. Auch die durchschnittliche Aufnahmedauer ist dann länger. Andere Untersuchungen haben dieses „Roemersche Gesetz" ebenfalls bestätigt, wenn auch mit unterschiedlichen und meist geringeren Ergebnisse.

Es besteht eine Beziehung zwischen der Zahl der Spezialärzte und der Zahl der Überweisungen und Behandlungen. Je mehr Spezialärzte, desto mehr ambulante und stationäre spezialärztliche Behandlungen; je mehr Chirurgen, desto mehr Operationen. Kurz gesagt: Mehr Angebote von Leistungen und Kapazität, auch von Spitalbetten, führen zu mehr Benützung. Die Kosten steigen, aber die Qualität der Versorgung nicht. Vielmehr ist das Gegenteil der Fall.

Eine aktuelle Studie von Nora Szech, ehemalige Professorin für politische Ökonomie in Karlsruhe, zeigt anhand der Spieltheorie, dass eine Verringerung der Zahl der Ärzte – natürlich nur in begrenztem Umfang – zu einer Steigerung der Versorgungsqualität führt. Dies könnte sich auch positiv auf die Gesundheit der Bevölkerung auswirken. Das sollte weiter erforscht werden.

BÜROKRATIE UND MEHR

Während fast überall über zunehmende Bürokratie geklagt wird, ist die Missstimmung darüber im Gesundheitswesen allerorten besonders groß. Davon sind nicht nur die Mitarbeiter, sondern auch die Patienten betroffen. Frustrierend ist die Situation, dass immer wieder die gleichen Daten in immer neuen Formaten abgefragt werden, sei es von den verschiedenen (halb-)staatlichen Behörden oder den Krankenkassen. Letztere sind die Hauptverantwortlichen. Dies alles erfordert zusätzliches Personal und verursacht hohe Kosten.

Was oft übersehen wird, ist, dass viele Regeln von den verschiedenen Berufsgruppen selbst festgelegt werden. Meistens handelt es sich dabei um Regeln zur Qualität, zu Protokollen, zur Verwendung von Richtlinien, zu Ausbildungsanforderungen und schließlich zur Abrechenbarkeit von Leistungen. Trotz vieler Proteste werden Jahr für Jahr mehr Regeln hinzugefügt als gestrichen. Außerdem werden Vorschriften immer wieder geändert, sodass zusätzliche Arbeit anfällt. Ein heikles Phänomen ist die immerzu wachsende Forderung nach Transparenz. Für immer mehr Prozesse und Entscheidungen besteht die Notwendigkeit Rechenschaft abzulegen. Dabei spielt die Öffentlichkeit eine große Rolle. Sobald ein Risiko vermutet oder festgestellt wird, werden neue Regeln aufgestellt. Dieser Risikoregulierungsreflex ist angstgetrieben.

Über diesen administrativen Aufwand ist wenig geforscht worden. In den meisten Fällen handelt es sich um Schätzungen oder persönliche Meinungen. Dabei zeigt sich, dass in den Niederlanden Leistungserbringer oft 40–50 % ihrer Zeit für Administration aufwenden. Schätzungen aus Deutschland aus dem Jahr 2015 kommen auf 4 Stunden pro Tag für Ärzte, für Chefärzte sogar auf bis zu 5,5. Im Jahr 2020 ergibt eine Umfrage unter Ärzten, dass administrative Leistungen, die über rein ärztliche Tätigkeiten hinausgehen, von mehr als der Hälfte der Ärzte über 3 Stunden pro Tag verlangen. Dazu kommt, dass Ärzte falsch einschätzen, wie viel Zeit die Dokumentierung ihrer Arbeit kostet. Auch andere Mitarbeiter beklagen sich über einen (je nach Bereich unterschiedlich großen) Aufwand. Schätzungen aus der Schweiz sind aus dem Jahr 2020. Sie belaufen sich auf 20 % der Arbeitszeit. Junge Ärzte, vor allem die in der Ausbildung, sind anderer Auffassung. Eine Assistenzärztin stellt in einem Interview der Neuen Zürcher Zeitung (NZZ) vom 20. Februar 2023 fest: „Zeitweise besteht mein Tag zu 30 Prozent aus medizinischen Tätigkeiten, die anderen 70 Prozent bin ich am Telefonieren und Berichteschreiben". Auch eine schon ältere Zürcher Masterstudie aus dem Jahr 2021 weist auf dieselben Probleme hin. Interessant ist, wie dieser Aufwand kategorisiert werden kann, damit Lösungsansätze spezifischer werden können. Leider stellte sich auch heraus, dass die neuen technologischen Entwicklungen, die Zunahme der Digitalisierung und die neuen Behandlungsmöglichkeiten, wie zum Beispiel die Ambulantisierung, eher dazu führen, den administrativen Aufwand zu vergrößern.

Überall, aber ausdrücklich auch in der Schweiz, in Deutschland und in den Niederlanden, führt diese Bürokratie zu längeren Arbeitszeiten als gewünscht und erlaubt. In der Schweiz ist der Ausgangspunkt eine 45-Stunden-Woche. Ausnahmsweise sind auch 50 Stunden erlaubt. In der Realität liegt die durchschnittliche Wochenarbeitszeit laut einer Umfrage unter Ärzten bei 56,6 Stunden. Ein großer Teil der Ärzte in der Ausbildung, nämlich 40 %, arbeitet mehr als 11 Stunden pro Tag. Man könne sich fragen, ob auf diese Weise noch gute Qualität erreicht werden kann. In Deutschland kennt man eine Durchschnittsarbeitszeit von 48 Stunden pro Woche. Untersuchungen aus verschiedenen Jahren zeigen, dass die meisten Ärzte pro Woche mehr arbeiten, 20 % sogar mehr als 60 Stunden. Auch in den Niederlanden ist die Durchschnittsarbeitszeit für Ärzte im Lohndienst 48 Stunden pro Woche. Im Jahr 2022 gaben 13 % an, mehr als 56 Stunden zu arbeiten, im Jahr 2024 sind es 10 %. Freiberuflich tätige Ärzte arbeiten um die 60 Stunden in der Woche. Die gezeigten Daten sind unterschiedliche Erhebungen von verschiedenen Jahren. Es ist deshalb schwierig, genaue Vergleiche zu machen. Die Resultate sind mit Vorsicht zu benützen.

Eine Studie aus den Vereinigten Staaten aus dem Jahr 2023 zeigt, dass die Qualität unter diesen Bedingungen tatsächlich leidet, was auch ein Risiko für die Patienten darstellt. Es überrascht nicht, dass sich viele junge Ärzte fragen, ob sie weiterhin so arbeiten wollen. Das, was sie anzieht – nämlich Zeit für den Patienten zu haben, ein gutes Gespräch mit dem Patienten zu führen und eine sorgfältige Untersuchung durchzuführen – gerät zunehmend in Gefahr. Auch das richtige Verhältnis zwischen Zeit für die Familie und Zeit für die Arbeit geht immer mehr verloren. Burnout und Abwanderung vom Beruf nehmen zu. Letztlich fühlen sie sich nicht mehr von der Gesellschaft wertgeschätzt, die in ihren Augen mit dieser Bürokratie signalisiert, dass sie den Ärzten nur noch bedingt vertraut. Das erklärt auch, warum junge Ärzte es vorziehen, in einem Umfeld zu arbeiten, in dem andere den Verwaltungsaufwand so weit wie möglich auf sich nehmen.

ZURÜCK ZUM FACHKRÄFTEMANGEL

Die obengenannten Situationen und Entwicklungen beeinflussen die Entscheidungen von Pflegefachkräften und Ärzten im Beruf zu bleiben oder einen anderen Weg zu gehen. Dazu kommen noch andere Überlegungen: Wichtig ist die Zusammenarbeit mit Kollegen und die vom Spital gegebenen Entwicklungsmöglichkeiten im Beruf, sowohl inhaltlich als auch in Bezug auf eine Karriere. Für viele junge Leute scheint das Gesundheitswesen nicht interessant genug, um eine Ausbildung in Pflege oder Betreuung zu machen, obwohl man versucht, ihnen diese Ausbildungen schmackhaft zu machen.

DIE SITUATION IN DEN NIEDERLANDEN

Die Diskussion über den Fachkräftemangel im Gesundheitssektor ist nicht neu. Seit vielen Jahrzehnten gibt es in den Niederlanden eine Wellenbewegung. Wenn es einen Fachkräftemangel gibt, werden Pflegefachkräfte und/oder Ärzte aus anderen Ländern zugelassen, ja sogar aktiv angeworben. In den letzten 10–15 Jahren ist die Diskussion wieder aufgeflammt. Zum Teil hat man versucht, wieder Personal im Ausland anzuwerben. Darüber hinaus wurde die Ausbildungskapazität erweitert. Für die Zukunft – mit einer immer älter werdenden Bevölkerung – reicht das nicht aus. Allerdings muss zwischen Ärzten, Pflegefachkräften und Fachkräften Gesundheit/Betreuung unterschieden werden. Bei Letzteren scheint der Mangel in Zukunft nicht allzu groß zu sein, auch wenn es Diskussionen über die Verteilung über die Disziplinen hinweg gibt. Der bereits bestehende Mangel an Geriatern wird sich voraussichtlich noch verstärken. Außerdem ist es, wie bereits erwähnt, ein Problem, junge, neu ausgebildete Allgemeinmediziner für die Übernahme einer Praxis zu gewinnen. Neben der Verantwortung und dem bürokratischen Aufwand, die man nicht will, spielen auch Teilzeitarbeit und die Notwendigkeit, eine Stelle für den Partner zu finden, eine große Rolle. Dies gilt umso mehr in ländlichen Regionen, wo sich wenige Stellen finden lassen. Dies führt letztlich zu einem Hausärztemangel, obwohl genügend Ärzte als Hausärzte ausgebildet wurden und werden. Die Zahl der Ausbildungsplätze für Allgemeinmediziner wird in den kommenden Jahren noch erhöht werden.

Ein ganz anderes Problem ist die große Gruppe von Ärzten, die zwar eine Grundausbildung haben, sich aber nicht für eine Weiterbildung entschieden haben. Hinzu kommt, dass sich die meisten jungen Ärzte für eine Weiterbildung im Spitalbereich entscheiden. Die bessere Honorierung scheint hier eine wichtige Rolle zu spielen, ebenso die größere soziale Wertschätzung.

Der Mangel an Pflegefachkräften wird in den nächsten Jahren zunehmen. Das größte Problem ist in der Langzeitpflege sowie bei der Spitex zu finden. Aber auch in den Spitälern gibt es Engpässe, vor allem im Bereich der Intensivpflegestationen (IPS) und der Notfallstationen, die weiter zunehmen werden. In einem Bericht des Wissenschaftlichen Rats für Regierungspolitik (WRR) aus dem Jahr 2021 wird geschätzt, dass bis 2030 jeder fünfte Erwerbstätige und bis 2040 jeder vierte Erwerbstätige einen Arbeitsplatz im Gesundheitswesen haben sollte. Dieser Anteil steigt in den Folgejahren an. Im Jahr 2019 war es nur jeder sechste.

Wenn wir uns auf die Spitäler, einschließlich der Universitätskliniken beschränken, so die Forschung von dem Beratungsunternehmen ABF, wächst der Fachkräftemangel von 6 000 Personen im Jahr 2023 auf 37 100 im Jahr 2033. Dass es sich hierbei nicht um sichere und absolute Zahlen handelt, wird durch die jährlichen Anpassungen deutlich. Dennoch sind die Zahlen hoch.

Um die bestehenden Engpässe so weit wie möglich zu reduzieren, wird in großem Umfang auf temporäres Fremdpersonal zurückgegriffen. Das verursacht hohe zusätzliche Kosten. Ein zweites Problem ist die Abnahme des Zusammenhalts im Team und der allgemeinen Zufriedenheit des eigenen Personals. Ein Drittes ist die Qualität. Wenn die Mitarbeiter nicht richtig ausgebildet sind und/oder die Arbeitsmethoden des Spitals nicht gut kennen, kommt es zu einem Qualitätsverlust.

DIE SITUATION IN DER SCHWEIZ

Seit mehr als zehn Jahren wird davor gewarnt, dass in der Schweiz bis 2030 ein erheblicher Fachkräftemangel herrschen wird. Allerdings waren schon früher Engpässe zu beobachten, die sogar zu weniger OPs und zu Bettenschließungen führten. Im Jahr 2020 waren in diesem Bereich – dieser umfasst die Spitäler, die ambulante Pflege und die Langzeitpflege – 11 000 Stellen unbesetzt, wie eine Studie von der Beratungsfirma PwC (PricewaterhouseCoopers) aus dem Jahr 2022 zeigt. Dieselbe Studie zeigt, dass bis 2030 rund 35 000 Pflegefachkräfte fehlen werden. Die Studie des Schweizerischen Gesundheitsobservatoriums (OBSAN) aus dem Jahr 2021 zeigt einen Mangel an 7 100, 9 500 und 15 100 Pflegefachkräften, sowie an Fachkräften Gesundheit/ Betreuung in den Spitälern für die Jahre 2019, 2029 und 2035. Es sind auch andere Szenarien mit schlechteren Ergebnissen denkbar. Abgesehen von den Daten für das Jahr 2019 handelt es sich um Schätzungen, deren absoluter Wert begrenzt ist. Sie geben jedoch einen Hinweis auf die Größenordnung des Problems. PwC geht auch davon aus, dass der Ärztemangel zunehmen wird, und zwar von 2 500 im Jahr 2020 auf 5 500 im Jahr 2040. Eine erwünschte Erhöhung der Studienplätze für Humanmedizin kommt vorläufig nicht zustande.

Es ist auch klar, dass das größte Problem darin besteht, junge Ärzte für den Beruf des Allgemeinmediziners zu gewinnen.

DIE SITUATION IN DEUTSCHLAND

Auch für Deutschland hat PwC im Jahr 2022 untersucht, wie viele Fachkräfte in Zukunft fehlen werden. Im Bericht wird von einer humanitären Pflegekatastrophe gesprochen, weil schon im Jahr 2025 1,8 Millionen Pflegefachkräfte fehlen werden. Das negative Image und die hohe Belastung schrecken junge Leute bei der Berufswahl ab. Die Bundesärztekammer prophezeit einen großen Ärztemangel im Jahr 2040, es sollen 30 000 bis 50 000 Ärzte fehlen. Nicht jedermann sieht die Situation so düster. Eine andere Art, die Ärzte einzusetzen – mehr Entlastung für sie organisieren und sie gezielter einsetzen – wäre wahrscheinlich mehr als ausreichend, laut Professor Ferdinand Gerlach in einem Interview im Jahr 2023. Vorgeschlagen wird, einige Tausende neue Studienplätze in Humanmedizin einzurichten, obwohl man sich nicht einig ist, ob dieser Weg gewählt werden soll.

Anhand der oben genannten Daten ist ein Vergleich zwischen den drei Ländern nicht einfach. Es scheint jedoch, dass das Problem in den Spitälern in der Schweiz größer ist als in den Niederlanden und vielleicht ebenso in Deutschland. Inwieweit dies mit der im Verhältnis zur Bevölkerung viel größeren Zahl von Spitälern zusammenhängt, bleibt unklar. Es ist anzunehmen, dass eine Reduzierung der Zahl der Spitäler den Fachkräftemangel positiv beeinflusst.

Das Ärzteproblem in der Schweiz und auch in Deutschland ist anders gelagert und viel größer, vor allem bei den Hausärzten, als in den Niederlanden.

Inwieweit die Wandlungen im Gesundheitswesen der Niederlande der letzten Jahrzehnte, vor allem die Wandlung von stationären Behandlungen Richtung ambulante Behandlungen, eine positive Rolle gespielt haben, lässt sich nicht mit Sicherheit feststellen. Andere Änderungen im Gesundheitswesen in dieser Periode könnten ebenso eine Rolle gespielt haben.

AMBULANTISIERUNG

In den Niederlanden wurde die Ambulantisierung schon früh vorangetrieben. Wie in anderen Ländern und jetzt auch in der Schweiz und in Deutschland fing diese Entwicklung an kleinere operative Eingriffe nicht mehr stationär durchzuführen. In den Vorreiterspitälern in den Niederlanden wurden schon am Ende der Achtzigerjahre zum Beispiel Krampfadern oder der graue Star ambulant operiert. Hie und da wurde auch mehr gemacht. Anfang der Neunzigerjahre kam dann die ambulante Leistenhernienoperation dazu, in einzelnen Spitälern auch der Hiatushernie-Eingriff. Von da an ging es schnell. Ambulantisierung ist aus diesem historischen Grund in den Niederlanden ein nicht mehr benutzter Begriff. In Deutschland und in der Schweiz dagegen hat die Diskussion erst vor einigen Jahren begonnen. Da die Organisation des Gesundheitswesens in diesen Ländern unterschiedlich ist, wird auch der Begriff Ambulantisierung nicht deckungsgleich verwendet. Ebenso verläuft die Einführung anders und in verschiedenen Tempi.

Bei der Erörterung des Begriffs Ambulantisierung wird deutlich, dass er sich auf chirurgische Behandlungen bezieht. Dass auch andere Behandlungen mit dem Prädikat ambulant versehen sind oder werden können, wird im weiteren Verlauf diskutiert. Dies wird in den laufenden Diskussionen in der Schweiz kaum angesprochen, in Deutschland dagegen ist das schon länger ein Thema.

Bleiben wir vorerst bei der Verschiebung der operativen Behandlungen von stationär zu teilstationär oder spitalambulant. Dies spiegelt sich auch in der englischen Terminologie wider, die von *daysurgery* oder *ambulatory surgery* spricht. Um die Entwicklung zu fördern, wurde schon früh, im Jahr 1995, ein eigener Verband gegründet. Deutschland und die Niederlande gehören zu den Gründern. Die IAAS (International Association of Ambulatory Surgery, https://theiaas.net/) fördert die Weiterentwicklung dieser Form der hochwertigen Chirurgie und die Ausbildung von Spezialärzten durch Gedankenaustausch, wissenschaftlichen Austausch und wissenschaftliche Forschung. Grundlagen für diese Entwicklung sind neue Operationstechniken, insbesondere minimalinvasive Techniken, neue Anästhesieverfahren und -techniken, weniger Vollnarkosen, andere Methoden der Schmerzbekämpfung und neue Medikamente. Im August 2023 trat die Schweiz diesem Verband als Mitglied bei.

Die Frage ist, inwieweit die Ambulantisierung für die im vorigen Kapitel beschriebenen Problemfelder (die Kosten, die Qualität und insbesondere der Fachkräftemangel) Vorteile haben könnte. In Ländern, in denen die Ambulantisierung weiter fortgeschritten ist, werden mehr als drei Viertel der Operationen ambulant durchgeführt. Dies ist auch in den Niederlanden der Fall. Allerdings variiert der Anteil von Spital zu Spital. Er liegt zwischen 50 und 90 %. Spitäler, in denen komplexere Behandlungen vorgenommen werden, führen im Allgemeinen weniger ambulante Behandlungen durch. In Deutschland und der Schweiz sieht es noch anders aus.

DIE AMBULANTISIERUNG IN DEUTSCHLAND

In Deutschland wird angestrebt, in den kommenden Jahren bis zu 25 % der operativen Behandlungen ambulant durchzuführen. Zu diesem Zweck ist ein Katalog für ambulante Operationen (AOP) erschienen. Vorläufig wird erwartet, dass diese Veränderung langsam vor sich gehen soll. Es bleibt undeutlich, wie viele Eingriffe momentan ambulant durchgeführt werden. In Deutschland fehlen Daten aus dem ambulanten ärztlichen Bereich und aus den an die Spitäler angebundenen MVZs (Medizinischen Versorgungszentren).

Es scheint nicht einfach zu sein, gute Fortschritte in der Ambulantisierung zu erzielen. Die Ärzteschaft steht dieser Entwicklung sehr kritisch gegenüber. Eine Befragung von Ärzten durch die Stiftung Gesundheit im Jahr 2023 mit einer Rücklaufquote von nur 6,5 % ergab: „Jede zweite Praxis sieht Risiken – nur jede sechste sieht Chancen". Diese Risiken sind in absteigender Reihenfolge:

- Eine mutmaßliche Mehrbelastung wegen Patienten mit Komplikationen
- Risiken für Patienten durch kürzere Nachbeobachtungszeit
- Schlechtere Ausbildung von Nachwuchs im Spital, da viele Standardfälle dort nicht mehr versorgt werden
- Schließungen von Spitälern durch Verlagerung von Leistungen in den ambulanten Sektor
- Vermehrt Erbringung von nicht unbedingt notwendigen Eingriffen
- Usw.

Wir müssen uns darüber im Klaren sein, dass das deutsche System eine große Zahl von niedergelassenen, fast ausschließlich ambulant tätigen Ärzten kennt. Deshalb wird dort anders über den Übergang von der stationären zur ambulanten Versorgung gedacht. Der Begriff tagesstationär ist mehrheitlich unbekannt. Für viele Spitäler ist diese Verlagerung nicht von Interesse. Die hervorgebrachten Vorteile beschränken sich im Wesentlichen auf zwei Punkte. Einerseits sieht man „die Vorteile für die Patienten, da Spitalaufenthalte vermieden werden können". Auf der anderen Seite geht es um „die Entlastung von Spitälern, die sich mehr auf schwere Fälle konzentrieren können und weniger personelle Engpässe haben".

DIE AMBULANTISIERUNG IN DER SCHWEIZ

In der Schweiz ist mit dem Programm ‚ambulant vor stationär' zwingend vorgeschrieben, welche Eingriffe ambulant durchgeführt werden müssen. Dazu ist vom Bund eine Liste mit 18 Eingriffen erschienen. Daneben publizierten Kantone eigene Listen mit weiteren Eingriffen. Das Swiss Tropical and Public Health

Institute in Basel zeigt in einem Bericht aus dem Jahr 2021, mit Daten über die Durchführung und einer weiteren Analyse, die Probleme dieses Programms und gängige Lösungen. Sogar mit einer beschränkten Anzahl zwingend vorgeschriebener Eingriffe zeigt sich nur zögerlich Fortgang.

Trotzdem findet man schon positive Resultate. Ein Bericht von Alerion Consult aus dem Jahr 2023 mit Daten von 46 Schweizer Akutspitälern zeigt durchschnittlich eine jährliche Zunahme von ambulanten Konsultationen von 5,4 % und eine jährliche Kostensteigerung von 4,2 % während der Periode 2016–2021. In derselben Periode nahmen die stationären Austritte mit 0,6 % ab. Hingegen nahmen die Kosten mit 0,9 % zu. Weiter zeigt diese Studie, dass „bereits ein Drittel der Leistungen ambulant erwirtschaftet wird". Schweizweit ist dies geschätzt um die 20 %. Die Coronapandemie hat im Zusammenhang mit den überlasteten Spitälern in dieser Periode einen weiteren Fortgang verhindert. Inzwischen sollte sich die Lage verbessert haben.

In beiden Ländern sind die Listen im Vergleich mit dem, was in anderen Ländern passiert, sehr kurz. Da ist noch viel zu gewinnen.

NUR STATIONÄR, WENN ABSOLUT NOTWENDIG! 25–30 JAHRE ERFAHRUNGEN IN DEN NIEDERLANDEN

Wie oben angegeben werden in den Niederlanden, wie auch in anderen Ländern, schon viele Jahre ambulante Eingriffe durchgeführt. Untenstehend eine beschränkte Auswahl von derzeit ambulanten Eingriffen. Die komplette Liste ist fast überwältigend.

- Laparoskopischer Eingriff der Leistenhernie
- Laparoskopische Entfernung der Gallenblase
- Laparoskopische Entfernung des Blinddarms
- Endoskopische Eingriff der Diskushernie
- Brustkarzinom

- Magenband
- Magenschlauch (Sleeve)
- Vaginale Uterusentfernung
- Teilentfernung der Schilddrüse
- Hüftprothese
- Knieprothese
- Schulterprothese
- Entfernung/Embolisation der Prostata
- Biopsie/Resektion Lungenkarzinom
- Katheterablation am Herzen
- Kraniotomie (Eröffnung des Schädels)

Weitere Entwicklungen sind in den nächsten Jahren sicher zu erwarten.

Die Erfahrung lehrt, dass diese Verschiebung von operativen Eingriffen für die Spitäler und die Fachkräfte mehr als nur eine Verkürzung der Verweildauer im Spital darstellt. Es verlangt, das ganze Vorgehen neu zu überdenken. Was bedeutet das?

„Es braucht eine geeignete Infrastruktur", schreibt Alerion Consult nach einer Umfrage. „Viele Spitäler versuchen in der bestehenden stationären Infrastruktur einen ambulanten Prozess zu implementieren, dies gelingt jedoch in den wenigsten Fällen reibungslos. Ambulante Eingriffe haben schlicht einen anderen Patienten-Journey". Dies führt zu neuen Fragen. Für die Schweiz lauten diese gemäß Alerion Consult: „Ist diese Infrastruktur und das Personal auf der Tagesklinik vorhanden? Oder besteht in der vorhandenen Infrastruktur genügend Platz für einen Um- oder gar Neubau? Oder geht das Spital einen Schritt weiter und baut ein ambulantes Zentrum an einem hochfrequentieren Standort?" Deutlich ist, dass ambulante Behandlungen im Spital eine Tagesklinik oder teilstationäre Abteilung verlangen, neben Abteilungen für stationäre Aufenthalte. Wichtig ist, den ambulanten Eingriff separat von den anderen operativen Eingriffen durchführen zu können. Das verlangt eigene Operationsräumlichkeiten, wo keine Notfallchirurgie gemacht wird. Es führt zu einer besseren Planung, da das Programm nicht durch andere Eingriffe gestört wird. Ebenso soll man dafür Sorge tragen, dass die Chirurgen nicht gestört werden und nur im OP-Raum beschäftigt sind. Am besten werden einen Tag lang immer dieselben Eingriffe vorgenommen. Dies führt dazu, dass mehr Eingriffe pro Tag stattfinden können. Als Beispiel: In einem Spital wurde die Zahl der Gallenblaseneingriffe pro Tag auf diese Weise um 50 % erhöht.

Die Betten in der Tagesklinik können vielfach zweimal am Tag benützt werden. Natürlich gibt es Eingriffe, bei denen der Patient etwas länger in der Tagesklinik verbleibt, aber nicht abends oder nachts. Die Folge dieser Entwicklung: Es braucht insgesamt weniger Betten. Bei zum Beispiel Biopsien oder Kataraktoperationen braucht man gar kein Bett mehr.

PERSONELLE FOLGEN IN DEN NIEDERLANDEN

Die Einrichtung einer Tagesklinik hat erhebliche Auswirkungen auf die Personalausstattung, sowohl in der Tagesklinik als auch auf der Station. Für letztere braucht es weniger Betten. Diese erfordern auch weniger Personal. Die Häufigkeit der Abend-, Nacht- und Wochenendschichten nimmt ab. Der Schweregrad der Krankheiten nimmt jedoch zu und die durchschnittliche Verweildauer wird immer kürzer. Die Rotation der Patienten nimmt zu. Dadurch wird die Arbeit auf der Station schwieriger. Es hat sich herausgestellt, dass sich die Pflege inhaltlich ändert und diese Entwicklung eine größere Spezialisierung der Pflegefachkräfte verlangt. Die Arbeitssituation auf der Abteilung wird aber herausvordernder und abwechslungsreicher, sodass diese für einen Teil der Fachkräfte mehr Anziehungskraft hat. Dennoch können hier neben dem Pflegepersonal auch Fachkräfte Gesundheit und Betreuung eingesetzt werden. Die Öffnungszeiten der Tagesklinik sind so gestaltet, dass keine Abend-, Nacht- und Wochenendschichten erforderlich sind. Das ist für viele Fachkräfte ein großer Vorteil. Das schafft auch mehr Möglichkeiten, in Teilzeit zu arbeiten.

Ein weiterer Vorteil ist, dass in der Tagesklinik die Abläufe klar sind. Sie sind streng protokolliert. Die ganze Logistik ist auf

Effizienz eingerichtet. Die Patienten kommen und gehen im Laufe des Tages. Da viele Operationen relativ einfach sind und daher wenig Nachsorge benötigen, kann die Tagesklinik auch weniger hoch ausgebildete Pflegekräfte beschäftigen. Oft arbeiten hier Fachkräfte Gesundheit und Betreuung, MPAs und ein oder zwei Pflegefachkräfte. In den meisten Fällen treffen die Mitarbeiter die Entscheidung, den Patienten zu entlassen. Ausnahmen sind Patienten mit komplexeren Eingriffen wie Knie- oder Hüftprothesen. Hier sind immer auch Physiotherapeuten oder der Spezialarzt beteiligt. Im Falle von Komplikationen sollte der Spezialarzt immer hinzugezogen werden. Am Tag nach dem Eingriff ruft ein Mitarbeiter den Patienten an. In den meisten Fällen reicht das als Nachsorge aus. Oft sind es auch diese Mitarbeiter, die weitere notwendige Nachsorge leisten, entweder telefonisch oder in der Praxis.

Wichtig ist, dass alle Patienten gut aufgeklärt werden über das, was sie erwarten können. Einerseits sollte der Arzt die medizinischen Vorgänge und den Eingriff mit dem Patienten besprechen, anderseits wird der Ablauf ins Detail im Voraus von Fachkräften der Tagesklinik mit dem Patienten besprochen. In mehreren Spitälern sorgt man dafür, dass dieser Prozess und die weitere Betreuung bis zur Entlassung von ein und derselben Pflegefachkraft durchgeführt werden. Einerseits ist dies für den Patienten wichtig und vertrauensfördernd, anderseits gibt es den Fachkräften die Gelegenheit, eine ähnliche Teamzusammenstellung zu behalten, womit die Qualität der Betreuung zunimmt. Weiterhin hat man inzwischen gelernt, dass unter dem Personal und den Patienten eine Tagesklinik mit kleineren selbstständigen Einheiten beliebter ist als eine große Abteilung. Auch das fördert die Zusammenarbeit im Team und die Zufriedenheit der Patienten.

Die Art des Eingriffs, aber auch die häusliche Situation des Patienten kann den sofortigen Einbezug des Hausarztes, der Spitex (bzw. der ambulanten Pflege in Deutschland) oder anderer Leistungserbringer erfordern. Auch *Connected Care* gehört zu den Möglichkeiten. In allen derartigen Fällen wird dies schon im Voraus eruiert, damit eine Planung vorliegt. Auch Haus- und Spezialärzte profitieren von diesem Ansatz.

Bei Biopsien oder anderen kleineren Eingriffen assistieren in der Regel schließlich die MPAs. Darüber hinaus werden viele kleinere Eingriffe inzwischen von Physician Assistants durchgeführt. Wo hier die Grenze liegt, ist noch unklar. Man könnte sich vorstellen, dass bald auch ein Teil der Kataraktoperationen von Physician Assistants durchgeführt werden.

UND DER PATIENT?

Die Frage lautet allgemein, ob diese neue Entwicklung, diese Ambulantisierung, zu besseren Resultaten führt. In der Diskussion, ob man die Einführung vorantreiben soll, spielt immer der Gedanke mit, dass der Patient gar nicht ambulant operiert werden will. Meistens übrigens wird diese Auffassung, der Patient wolle diese Entwicklung nicht, von Fachkräften geäußert. Wenn man Patienten befragt, stellt sich fast immer heraus, dass diese unvertraute Entwicklung und deren Ablauf sie verunsichert. Wenn sie einmal erlebt haben, selbst oder bei Anderen, wie schonend ein ambulanter Eingriff ist, verschwindet diese Unsicherheit.

In der Schweiz läuft zurzeit diese Diskussion. Vor zwei Jahren erschien eine kurze Notiz vom Institut für Biomedizinische Ethik und Medizingeschichte und vom *Medicine & Economics Ethics Lab* der Universität Zürich, worin die Ethik der Ambulantisierung reflektiert wird. Bemängelt wird, dass die Ambulantisierung hauptsächlich als ökonomische Maßnahme ins Blickfeld rückt: „Die Perspektive der Patientinnen und Patienten wurde in den Verordnungstexten zur Ambulantisierung kaum berücksichtigt". Die Autoren, Professor Nikola Biller-Adorno und Thomas Kapitza, befürworten „eine wissenschaftlich fundierte normative Evaluation der Auswirkungen der Ambulantisierung für die Patienten aus transdisziplinärer Perspektive anzugehen".

In den Niederlanden ist diese Diskussion völlig verschwunden. Es wurden auch seit Jahren keine Studien mehr in dieser Richtung durchgeführt. Ambulante Eingriffe gehören zum Alltag, auch für Patienten. Es werden gute Resultate gesehen, fast keine Komplikationen und Rehospitalisierungen. Sehr wichtig ist die Reduktion von Spitalinfektionen. Die Wunden heilen schneller, der Patient fühlt sich schnell wieder in Ordnung. Und wichtig: Fast ohne Ausnahme sind die Patienten zufrieden, was sich auch herumspricht. Alles in allem zeigt die Verschiebung von stationär nach spitalambulant in den meisten Fällen eine Erhöhung der Versorgungsqualität, sehr gute Resultate, zufriedene Patienten und geringere Kosten. Wie gesagt, erfordert die Umsetzung neues Denken. Im Vorfeld sollte gut abgeklärt werden, ob dem Patienten und seiner Umgebung ein teilstationärer Eingriff zuzumuten ist.

DIE PFLEGEFACHKRÄFTE?

Mit welchen Maßnahmen wird den Pflegefachkräften die Arbeit im Spital schmackhaft gemacht? Es findet sich in der Literatur eine lange Liste von Beispielen von Vorschläge zur Bekämpfung des Fachkräftemangels:

- Die Arbeit sollte attraktiver gemacht werden
- Der Arbeitsdruck sollte verringert werden
- Die Privatsituation sollte berücksichtigt werden
- Die Arbeitszeiten sollten besser auf die Privatsituation abgestimmt werden
- Teilzeitarbeit sollte zeitlich angemessen gestaltet werden
- Der bürokratische Aufwand sollte verringert werden
- Die Entlöhnung muss angemessen sein
- Flexible Verträge
- Stärkerer Fokus auf ältere Arbeitnehmer
- Mehr Zeit für die Betreuung von Praktikanten
- Bessere Karrieremöglichkeiten
- Aufmerksamkeit für Teambildung
- Aufmerksamkeit für die Unternehmenskultur
- Ermöglichung der (Mit-)Entscheidung des Pflegepersonals
- Den Pflegefachkräften mehr Verantwortung übertragen

- Die Pflegefachkräfte ihre Arbeit selbst organisieren und durchführen lassen
- Die Pflegefachkräfte selbst Innovationen umsetzen lassen
- Digitalisierung als Arbeitsunterstützung

Wenn wir zurückblicken auf die Entwicklung der Ambulantisierung in den Niederlanden, sehen wir, dass diese neue interessante Möglichkeiten bietet, wobei viele von den obengenannten Beispielen bereits realisiert wurden.

Die Rolle des Arztes ändert sich, aber am meisten ändert sich die Rolle der Pflegefachkräfte im spitalambulanten Bereich. Sie können ihre Arbeit deutlich selbstständiger und in Eigenverantwortung leisten und organisieren. Sie organisieren die Abläufe in der Tagesklinik. Sie besprechen den Vorgang mit den Patienten. Sie entscheiden über Entlassung. Sie führen selbstständig die Nachsorge durch. Wichtig ist der Wegfall der Abend-, Nacht- und Wochenendschichten. Teilzeitarbeit wird einfacher möglich. Die Work-Life-Balance kann besser gestaltet werden. Es gibt mehr Arbeitsstellen für Fachkräfte Gesundheit/Betreuung, für MPAs und Physician Assistents.

AMBULANTISIERUNG AUSGEWEITET

In meinen Augen sollte man Ambulantisierung nicht zu eng fassen. Es ist mehr als eine Verschiebung von stationär nach (spital-)ambulant. Dieser Aspekt stand am Anfang im Vordergrund, weil dort am einfachsten anzusetzen ist. Im Laufe der Zeit, vor allem in den letzten 8–10 Jahren, sind einerseits die größeren Eingriffe wie zum Beispiel der Einsatz einer Hüft- oder Knieprothese, andererseits aber auch andere Eingriffe und Behandlungen von stationär nach spitalambulant verschoben worden.

Zu den spitalabhängigen ambulanten Entwicklungen, weil größtenteils unter Verantwortung von Spitalmitarbeitern, zähle ich ebenso die modernen Ansätze, die unter dem Namen *Connected Care*, *Hospital at Home* oder *Outreaching Care* bekannt sind. Bemerkenswert ist, dass diese in den Niederlanden im Wesentlichen von Pflegefachkräften und Physician Assistents durchgeführt werden. Sie überwachen die Patienten zu Hause und entscheiden meistens auch über die Weiterführung der Behandlung und dortige Betreuung. Natürlich ist immer ein Spezialarzt im Hintergrund beteiligt. Man kann Telemedizin ebenso zur Ambulantisierung rechnen. Diese Entwicklungen laufen international auch unter den Namen *remote consultation, remote diagnostics* und *remote monitoring*. Der Unterschied zwischen diesen Formen ist oft nicht eindeutig. Der gemeinsame Kern ist die spezialärztliche Behandlung außerhalb des Spitals oder, anders ausgedrückt, die Behandlung unter der Verantwortung des Spezialarztes in der häuslichen Situation. Damit gemeint ist eine Behandlung, bei welcher der Spitalaufenthalt verkürzt oder sogar ganz vermieden wird. Ermöglicht wird dies durch die digitale Überwachung der Patienten. Obwohl dies einfach klingt, ist die Umsetzung nicht so einfach, wie man gemeinhin denkt. Sie erfordert zudem eine Perspektive für Entwicklungen und vor allem den Mut, neue und unerforschte Wege zu gehen. Und gerade am Anfang ist ungewiss, ob es gelingen wird. Es gilt, die Interessen des Patienten immer an erster Stelle zu sehen. Für Ärzte und Pflegefachkräfte bringt die Methode Veränderungen der gewohnten Abläufe mit sich, sie müssen lernen, mit mehr Unsicherheiten umzugehen und dennoch für die Behandlung verantwortlich zu bleiben. Für Notfälle müssen Lösungen im Voraus ausgedacht und vorbereitet werden.

Seit einigen Jahren machen positive Erfahrungen in Vorreiterspitälern deutlich, dass schätzungsweise 20–25 % aller Spitalbehandlungen bald unter diesen Konzepten – *Connected Care, Hospital at Home*, oder *Outreaching Care* – stattfinden werden. Vielleicht wird der Anteil sogar darüber hinausgehen. Inzwischen breiten sich diese Initiativen in den gesamten Niederlanden aus. Obwohl es sich hauptsächlich um Innovationen handelt, kann ich nicht umhin, eine der am längsten bestehenden Behandlung dieser Art zuerst zu erwähnen. Es handelt sich um die Nierendialyse. In ausgewählten Fällen kann die Dialyse vom Patienten selbst zu Hause durchgeführt werden. Die Einschränkung liegt in der komplizierten Ausrüstung, allerdings immer kleiner werdend, die zu Hause installiert werden muss.

In den folgenden Beispielen werden keine komplizierten Geräte benützt. Es handelt sich dabei um drei Patientengruppen; die einen mit Herzinsuffizienz, die zweiten mit COPD, und die dritten mit einem Hirninfarkt. Bei der Herzinsuffizienz, die normalerweise einerseits mit Einweisungen und andererseits mit häufigen Kontrollen in der Praxis verbunden ist, reduziert sich die Zahl der Einweisungen um zwei Drittel. Die Kosten sinken um 90 %. Auch bei der COPD gilt in etwa das Gleiche, wenngleich sich die Kosten nur halbieren. Hier kann man noch bessere Resultate erreichen, wenn jeder Patient einen Buddy zur Seite hat. Etwa 20 % der onkologischen Patienten bekommen ihre chemotherapeutischen Infusionen zu Hause. Die Tendenz ist steigend. Ebenso wird subkutane Chemo- und Immuntherapie zu Hause verabreicht, sowie auch Bluttransfusionen. Bei Patienten mit einem Hirninfarkt gibt es zwei Möglichkeiten. Entweder der Patient muss 1–2 Tage im Spital beobachtet werden, oder die Situation ist so, dass eine Aufnahme nicht als notwendig erachtet wird. Im ersten Fall zeigt sich, dass 60 % der Patienten zu Hause weiter überwacht werden können. Dieses Programm läuft seit dem Jahr 2004. Im zweiten Fall, bei 20–25 % der Patienten, wird die Überwachung zu Hause direkt von der Notfallstation aus organisiert. Das geschieht ebenso bereits seit mehreren Jahren. In beiden Fällen erfolgt die Behandlung und Beratung durch mehrere Fachkräfte unter der Endverantwortung eines einzelnen Spezialarztes. Das eigene Engagement des Patienten ist dabei unerlässlich. Was genau gemacht werden kann und was nicht, ist vom Patienten abhängig und individuell zu gestalten.

In diesen Beispielen kommen speziell entwickelte Apps zum Einsatz, die zum Teil auch als *Wearables* – im Digitaljargon – am Körper getragen werden müssen. Zahlreiche Aspekte ihres Einsatzes geben Anlass zur Diskussion, wie ein Artikel im *New England Journal of Medicine* vom März 2024 zeigt. Die Auseinandersetzung damit ist noch lange noch nicht abgeschlossen.

Die Überwachung des Patienten findet in der Koordinationsstelle des Spitals statt. Hier arbeiten tagsüber Pflegefachkräfte und in der Nacht eigens dazu ausgebildete Medizinalassistenten. Für Pflegefachkräfte ist dies eine spannende und herausfordernde Tätigkeit mit viel Selbstständigkeit und Verantwortung, für Medizinalassistenten die Möglichkeit, Erfahrungen zu sammeln. Bei Fragen und Unklarheit, was zu tun ist, können sich Patienten Tag und Nacht direkt an diese Stelle und, wenn nötig, an einen Arzt wenden. Für Notfälle sind zusätzliche Vorkehrungen getroffen worden. Da diese Entwicklung für jedes Spital noch unterschiedlich ist, organisieren sie ihr eigenes Koordinationszentrum, *Connected Care Center* oder manchmal auch *Patient Monitoring & Coordination Center* genannt. In Zukunft könnten zehn bis fünfzehn Spitäler gemeinsam ein solches Zentrum benützen.

E-HEALTH

Die fortschreitende Digitalisierung bietet auch neue Möglichkeiten für die Gesundheitsversorgung. Dieser Bereich wird auch als E-Health bezeichnet. Einige aussagekräftige Beispiele sind bereits oben besprochen. Die Nutzung digitaler Kommunikationsmöglichkeiten im Gesundheitswesen hat im Zuge der Coronapandemie (stark) zugenommen. Für viele Ärzte und ihre Patienten bildete sie eine Möglichkeit, um zumindest einen Teil der Sprechstunden sicher und kontaktlos durchzuführen. Der Erfolg dieser Methoden führte dazu, dass ein Teil des digitalen Konsultationsprozesses erhalten geblieben ist. Stand 2023 benützen 97% der Spitäler Videosprechstunden, obwohl die Zahl der Konsultationen nach dem Jahr 2021 rückläufig ist. Dennoch empfinden viele Patienten und Ärzte Videokonferenzen als unbequem. Sie ziehen ein (altmodisches) Telefongespräch vor. Die meisten Telefongespräche werden geführt, um Auskunft über die Resultate von Untersuchungen zu erhalten, sofern sie nicht die onkologische Diagnose betreffen. Die Patienten schätzen es, dass sie auf diese Weise auf einen Besuch in der Sprechstunde verzichten können. In den Niederlanden führen 60 % der Spezialärzte Konsultationen auf diese Weise durch. Sie ersetzen fast 30 % der regulären Sprechstunden. Auch Hausärzte machen von dieser Möglichkeit Gebrauch. Fast alle Ärzte bieten inzwischen auch an, Fragen per E-Mail zu beantworten. Auch kann jeder Patient sein eigenes Dossier im Spital oder beim Hausarzt digital einsehen. Das digitale Einplanen eines Termins bei einem Haus- oder Spezialarzt durch den Patienten selbst ist schon lange keine Ausnahme mehr.

Interessant sind ebenfalls das digitale Monitoring via App, Überwachung und Video-Monitoring von Patienten zu Hause durch Fachkräfte der Spitex. Statt beim Patienten vorbeizufahren, wird ein Video-Call gemacht. Viele Stunden – meist ohne direkten Patientenkontakt – können damit gespart werden.

Die Frage, inwieweit die Digitalisierung des Gesundheitswesens zur Lösung des Fachkräftemangels beitragen wird, ist noch nicht abschließend beantwortet. Im Jahr 2023 veröffentlichte die Beratungsfirma SiRM einen für das Gesundheitsministerium in den Niederlanden verfassten Bericht über ihre diesbezüglichen Einschätzungen. Die Autoren kommen zu dem Schluss, dass ohne die Berücksichtigung der Digitalisierung von Unterstützungs- und Verwaltungsprozessen, also nur mit Blick auf die Entwicklung der von Gesundheitsprozessen, ein Viertel des Fachkräftemangels in wenigen Jahren behoben sein könnte. Dies wäre ein enormer Ansporn. Die Berechnungen stießen sofort auf heftige, fundierte Kritik. Die Resultate würden viel zu positiv dargestellt.

HAUSÄRZTE

In den Niederlanden führt die Gatekeeper-Rolle des Hausarztes dazu, dass die überwiegende Mehrheit der ambulanten Aktivitäten in der Hausarztpraxis stattfindet. Das zeigt sich an dem geringen Prozentsatz der Patienten, 5–7 %, die nach der Konsultation des Hausarztes an den Spezialarzt überwiesen werden. Diese Zahl zeigt auch, dass der Spezialarzt nur die Spitze des Eisbergs sieht. In der Schweiz wird die Mehrheit der Patienten, die zuerst den Hausarzt aufsuchen, dort völlig zufriedenstellend behandelt. Nur etwa 6 % erhalten eine Überweisung zum Spezialarzt. Dabei ist allerdings zu berücksichtigen, dass nur 40 % der Versicherten das Hausarztmodell gewählt haben. Im Hausarztmodell eingebundene Versicherte besuchen viel seltener eine Spitalnotfallstation, das bedeutet weniger Kosten.

In den letzten Jahren wurden in den Niederlanden mehrere Projekte durchgeführt, um festzustellen, ob eine andere Organisation der Hausarztpraxis zu Kosteneinsparungen, Qualitätsvorteilen und mehr Patientenzufriedenheit führt. Einige Beispiele: Projekte mit mehr Zeit pro Patient haben gezeigt, dass dies zu weniger Überweisungen an Spezialärzte führt. Patienten sind sehr zufrieden mit dieser Entwicklung.

Es gibt auch Projekte, bei denen der Hausarzt direkt mit dem Spezialarzt sprechen oder chatten kann. Das klingt nach etwas, das es schon lange gibt. Ja, Hausärzte hatten schon immer die Möglichkeit, einen Spezialarzt anzurufen. Diese Projekte an verschiedenen Orten in den Niederlanden bieten aber die Möglichkeit, strukturiert zu festen Zeiten Kontakt zu haben. Oft hat der Patient auch die Möglichkeit, mitzusprechen, was die Wirksamkeit noch verstärkt. Das Resultat sind etwa 20 % weniger Überweisungen an den Spezialarzt.

Nebenbei bemerkt: Nicht nur in der Allgemeinmedizin, sondern auch beim Spezialarzt führt mehr Zeit für den Patienten zu weniger zusätzlichen Untersuchungen und weniger Behandlungen. Im Kapitel *Spitäler* findet sich ein Beispiel, in welchem dies zu weniger Diagnostik und Behandlungen führte.

Zu Beginn des zweiten Jahrzehnts dieses Jahrhunderts wurde eine ganze Reihe von über die Niederlande verteilte Gesundheitsprojekte, *Pioneer Sites*, begonnen. Diese Projekte wurden überwacht. Die vereinbarte Evaluierung durch das RIVM (Rijksinstituut voor Volksgezondheid en Milieu) wurde im Jahr 2018 veröffentlicht. Jedes Projekt war einzigartig. Ziel war unter anderem, die Kosten der Versorgung besser zu kontrollieren, die Versorgung zu verbessern und die Patientenzufriedenheit zu erhöhen. Nur zwei Beispiele: In der Region Alkmaar werden Patienten, bei denen Vorhofflimmern diagnostiziert wurde, nach einem ersten Screening durch den Kardiologen von ihrem Hausarzt und einer spezialisierten Pflegefachkraft weiterbehandelt und betreut. In der Region Maastricht wurde bereits in den Achtzigerjahre des vorigen Jahrhunderts eine gemeinsame Sprechstunde mit Hausärzten und einigen Spezialärzten des Universitätsspitals Maastricht organisiert, in der vom Hausarzt ausgewählte Patienten, die im Prinzip überwiesen werden sollten, gemeinsam untersucht und besprochen wurden. Schon damals stellte sich heraus, dass die große Mehrheit, nämlich 85 %, keine Überweisung mehr benötigte. Inzwischen ist das Projekt auf fünf Disziplinen ausgeweitet worden: Innere Medizin, Neurologie, Orthopädie, Dermatologie und Kardiologie. Alle vierzehn Tage gibt es eine gemeinsame Sprechstunde. Der Erfolg ist groß, die Patienten sind zufrieden, die Kosten sind geringer und die Qualität ist gut.

Diese guten Ergebnisse ermutigen weiterzumachen. Sie haben zu Kooperationsprojekten an mehreren Orten in den Niederlanden geführt, in denen versucht wird, die Kosten zu kontrollieren, die Qualität der Versorgung zu verbessern, die Patientenzufriedenheit zu erhöhen und die Inanspruchnahme von (teuren) Spitaldiensten zu verringern. In mehreren Projekten wurde auch versucht, umfassendere Gesundheitskonzepte zu nutzen, wie z. B. die positive Gesundheit (siehe Kapitel *Gesundheit*). Die RIVM-Studie mit den Ergebnissen dieser Projekte wurde im Jahr 2022 veröffentlicht. Das Projekt *Mooi Maasvallei* in einer Region südlich von Nijmegen mit 135 000 Einwohnern ist ein gutes Beispiel. Schlüsselelement ist dabei mehr Zeit für den Patienten in der Hausarztpraxis und der Einsatz von spezialisierten Pflegekräften. Das Ergebnis: Die Zahl der unerwarteten Verweisungen sinkt um 30 %. Häufige Rehospitalisierungen bei chronischen Patienten, sogenannte Drehtürhospitalisierungen, gehen um 21 % zurück. Die Aufnahmedauer kann meistens ganz kurzgehalten werden, da eine ambulante Betreuungsstruktur schon vorhanden ist. Für 84 % der Patienten mit Demenz gibt es einen Case Manager, einen zentralen Betreuer, der versucht, Einweisungen vorzubeugen. Diese Person wird aus der Grundversicherung bezahlt. Ein zusätzlicher Effekt dieser gemeinsamen Konsultationen ist, dass Hausärzte und Spezialärzte die Arbeitsweise des jeweils anderen besser verstehen lernen. Gerade für den Spezialarzt ist es interessant zu sehen, wie der Hausarzt mit größerer Unsicherheit umgeht und diese akzeptiert, aber auch mit dem Patienten bespricht und erklärt, warum mehr Tests nicht gleich zu mehr Ergebnisse führt. Spezialärzte sind immer auf der Suche nach der größtmöglichen Gewissheit, wollen möglichst viel ausschließen und führen daher mehr Untersuchungen und Tests durch, was zu höheren Kosten führt.

Ein besonderes Projekt ist die Organisation von chirurgischen Eingriffen in der Hausarztpraxis. Einige Hausärzte führen z. B. Vasektomien selbst durch. Andere Hausärzte lassen in ihrer Praxis z. B. plastisch-chirurgische Eingriffe vom Spezialarzt durchführen. Hier sind die Kosten geringer als im Spital. In Deutschland und der Schweiz führen Spezialärzte diese Eingriffe oft ambulant in der eigenen Praxis durch. Ob es dort einen finanziellen Vorteil bringt, diese in eine Allgemeinpraxis zu verlegen, kann bezweifelt werden.

Wir haben bereits im Kapitel *Grundversorgung* gesehen, dass Barbara Starfield und ihre Mitautoren, später auch Dionne Kringos, gezeigt haben, dass eine gut organisierte und robuste Grundversorgung durch Hausärzte und ihre Mitarbeiter große Vorteile mit sich bringt. Die Versorgung ist günstiger, ihre Qualität besser und unnötige Diagnostik und Behandlungen werden vermieden. Das sollte ein deutlicher Aufruf sein, der hausärztlichen Versorgung einen höheren Stellenwert einzuräumen und sicherzustellen, dass es attraktiv ist, sich als Hausarzt niederzulassen. Damit würde wesentlich dazu beitragen, den Hausärztemangel, ein großes Problem in der Schweiz, zu reduzieren oder gar zu lösen. Das ist nicht einfach. Solopraxen sind unbeliebt, in den Niederlanden fand man im Jahr 2022 nur noch 17 %. Gemeinschaftspraxen bieten hier viele Vorteile: Teilung von administrativen Lasten, eventuell Einsetzung von einem Praxismanager, bessere Verteilung von Notfalldiensten abends und am Wochenende, gemeinsame Patientenbesprechung, adäquate Entlöhnung im richtigen Verhältnis zu den Spezialärzten usw. Auch in ländlichen Gebieten sollte man sich Gedanken machen, inwieweit eine Gemeinschaftspraxis realisierbar wäre. Auch wenn Patienten in der Regel eine Hausarztpraxis in der Nähe bevorzugen, würden sie sicherlich eine längere Anfahrt einer Situation gänzlich ohne Hausarzt vorziehen

SPITÄLER

Unzufrieden mit dem Zustand haben sich vor einigen Jahren mehrere Spitäler in den Niederlanden entschlossen, die Versorgung grundlegend anders zu gestalten. Zwei Beispiele: Im ersten diente der geplante Neubau eines großen Spitals als Anstoß für einen innovativen Modellversuch.

Das neue Gebäude sollte um ein Drittel kleiner werden, sodass die Betreuung anders organisiert werden musste. Eine regionale Zusammenarbeit wurde mit dem Ziel in die Wege geleitet, die Betreuung möglichst nah an den Patienten zu verlegen. Es entstanden über Hundert Projekte, darunter Videosprechstunden, digitale schriftliche Kommunikation – im Jahr 2023 waren es 3,2 Millionen Berichte, Behandlungen zu Hause und mehr. Letztendlich führte dies innerhalb von drei Jahren zu 60 000 weniger Sprechstundenbesuchen, zu 1 500 weniger spitalambulanten Behandlungen und zu Einsparungen von 6,2 Millionen Euro.

Im zweiten Beispiel, einem mittelgroßen Spital ohne hochkomplexe Behandlungen, wurde beschlossen, den Produktionsdruck zu beseitigen, d. h. keine finanziellen Anreize mehr zu schaffen, die Produktion weiter zu steigern. Es wurde ein Wandel von einer produktionsorientierten zu einer qualitätsorientierten Organisation vollzogen. Mit den Krankenkassen wurde im Jahr 2014 ein Fünfjahreszeitraum mit einer jährlichen

Vertragssumme vereinbart. Alle Spezialärzte wurden zu Angestellten, sodass auch sie keine Anreize hatten, ihr Einkommen durch eine höhere Anzahl der Behandlungen zu steigern. Unter dem Namen *DE DROOM* (der Traum) wurden alle Initiativen zur Verbesserung der Versorgung gebündelt umgesetzt. Auch hier ist, wie bereits erwähnt, mehr Zeit für den Patienten in der Sprechstunde ein großer Vorteil. Bereits im Jahr 2017 zeigte sich, dass im Spital deutlich weniger Diagnostik und Behandlungen geleistet wurden. Inzwischen ist die Menge um insgesamt 20 % gesunken. Die Hausärzte in der Region dagegen haben jetzt mehr zu tun. Ihr Arbeitspensum stieg um 10–20 %. Dies bietet Spielraum für junge Hausärzte, sich niederzulassen oder in eine Gemeinschaftspraxis einzusteigen. Sowohl Patienten als auch Ärzte zeigen sich zufrieden und bewerten diese Entwicklung als positiv. Die Qualität der Betreuung wurde als besser eingestuft. Von großer Bedeutung ist auch die Feststellung, dass Patienten nicht zu anderen Spitälern oder Spezialärzten abwanderten.

ERDRUTSCH?

Die Ambulantisierung verschiebt die Grenzen der Struktur, in der gearbeitet wird.

Ein Beispiel: Als angefangen wurde Hüftprothesen einzusetzen, verlangte das einen drei Wochen dauernden Aufenthalt im Spital. Damals war es noch nicht üblich, dass der Patient nüchtern von zu Hause kam, um am selben Tag operiert zu werden. Vielmehr wurde der Patient mehrere Tage vor der geplanten Operation im Spital aufgenommen. So blieb genügend Zeit, um den Patienten noch einmal gründlich zu untersuchen, festzustellen, ob eine Operation durchgeführt werden konnte, und dem Anästhesisten die Möglichkeit zur Beurteilung geben, ob der Patient die Narkose überleben würde. Nach der Operation musste die Wundheilung des bettlägerigen Patienten in den ersten Tagen überwacht werden, bevor eine Mobilisierung erfolgen konnte. Auch die Nachwirkungen der Anästhesie wurden abgewartet. Dann wurde der Patient mit Hilfe von Physiotherapie im Verlauf von mindestens zwei Wochen oder mehr im Spital mobilisiert. Die Veränderungen in den 1990er Jahren brachten bereits einen kleinen Erdrutsch mit sich. Im neu strukturierten Behandlungsplan verkürzte sich die Gesamtaufnahmedauer auf maximal fünf Tage. Immer am Montagmorgen erfolgte die Aufnahme nüchtern, gefolgt von der Operation und daraufhin der Mobilisierung unter Anleitung der Physiotherapie am selben Tag. Verlief alles nach Plan, konnte der Patient am Freitag nach Hause entlassen werden. All dies wurde durch eine andere Denkweise möglich. Die Vorbereitungen für die Operation wurden ohne Spitalaufnahme durchgeführt, sowohl die Untersuchungen als auch die anästhesiologische Beurteilung. Auch die entsprechenden Übungen wurden bereits in Gruppen mit einem Physiotherapeuten eingeprobt, damit auch unmittelbar nach der Operation ohne Weiteres geübt werden konnte. Die Gruppenbesetzung wurde so weit wie möglich aufrechterhalten, indem die gesamten Mitglieder, in der Regel vier Patienten, am selben Tag operiert wurden und danach im selben Raum blieben. Auf diese Weise konnte man sich kennenlernen und sich später gegenseitig ermutigen, die Übungen durchzuführen, damit tatsächlich alle am Freitag nach Hause entlassen werden konnten. Das ist schon eine ziemliche Veränderung. Der nächste Schritt erfolgte in den Jahren 2013–2014. Das Einsetzen einer Hüft- oder Kniegelenkprothese wurde zum ambulanten Eingriff. Der Patient wird morgens nüchtern vorstellig, wird operiert und geht am späten Nachmittag wieder nach Hause. Der gesamte Vorbereitungsprozess wird entsprechend angepasst, aber vor allem muss der peri- und postoperative Prozess neugestaltet werden. Meistens wird unter Spinalanästhesie operiert. Auch können neue Narkosemittel und -techniken, die es dem Patienten ermöglichen, die Narkose besser zu ertragen, angewendet werden. Neue Schmerzmittel und -techniken erlauben eine adäquate Schmerzbehandlung, die wesentlich zum Erfolg der Behandlung beiträgt. Der postoperative Verlauf wurde vollständig nach Hause verlegt. Dazu muss sichergestellt werden, dass dies in Absprache mit den Beteiligten außerhalb des Spitals reibungslos möglich ist. Bastiaan van Hoorn, PhD-Student an der Universität Utrecht, und seine Mitautoren zeigen, dass auch der präoperative Prozess problemlos weiter verkürzt werden kann, indem das präoperative Screening vollständig digitalisiert wird. Das ist auch billiger.

Zusammenfassend lässt sich sagen, dass wir von einer längerdauernden Behandlung innerhalb des Spitals zu einem kurzen Eingriff im Spital mit einem Nachsorgeprozess außerhalb des Spitals übergegangen sind. Die Behandlungskette hat sich dramatisch verändert.

WEITERE ENTWICKLUNGEN

Im Kapitel *Die Pflegefachkräfte?* wurden Maßnahmen aufgezeigt, die dazu beitragen können, junge Menschen für die Pflege zu interessieren, aber auch Pflegekräfte zu überzeugen, in der Pflege zu bleiben. Nachfolgend einige weitere Möglichkeiten aus den Niederlanden, die bisher noch nicht erwähnt wurden.

Erstens hat sich in den letzten zwei Jahrzehnten in den Niederlanden ein Wandel in den Sprechstunden vollzogen. Sowohl in der Hausarztpraxis als auch in Spitälern werden ausgewählte Sprechstunden von MPAs, spezialisierten Pflegefachkräften, Physician Assistents und Nurse Practitioners – in Deutschland und der Schweiz meistens als Pflegeexperten/-innen bezeichnet – übernommen. Die Ausbildung der letztgenannten Gruppe, auch *Advanced Practice Nursing* genannt, gibt es in den Niederlanden seit dem Jahr 1997. Die Ausbildung wird mit einer Masterarbeit abgeschlossen. Obwohl es diese Ausbildung in vielen Ländern gibt, fällt die Situation in Europa laut einer Umfrage der European Federation of Nurses aus dem Jahr 2023 sehr unterschiedlich aus. In Deutschland werden diese Experten viel weniger eingesetzt als in den Niederlanden. Die Schweiz liegt in Bezug auf den Einsatz zwischen den beiden Ländern.

Die im Beispiel genannten Sprechstunden in den Niederlanden decken ein breites Spektrum ab, das von einfachen bis zu hochspezialisierten Untersuchungen und Behandlungen reicht. Dazu gehören zum Beispiel die Nachsorge nach ambulanten Eingriffen, aber auch nach stationären Aufnahmen, und die weitere Betreuung bei Diabetes, Bluthochdruck, Lungenerkrankungen einschließlich COPD, Herzleiden und onkologischen Erkrankungen. Weiterhin können sie auch kleinere chirurgische Eingriffe, wie Arthroskopien und viele weitere, machen. Medizinisches Personal, das zu diesem Zweck extra ausgebildet wurde, darf bestimmte Rezepte selbst ausstellen.

Zweitens ein konkretes Beispiel: Es betrifft die IPS-Abteilung eines großen Spitals mit komplexen Behandlungen. Der zunehmende Mangel an qualifiziertem Pflegepersonal und der wachsende Druck auf die 46-Betten-Intensivstation führten zum Projekt „IPS ohne Wände". Die Kapazität der IPS wurde auf 26 Betten reduziert. Fünfzig interessierte IPS-Pflegefachleute wurden zur beratenden IPS-Pflegefachkraft ausgebildet. Sie wurden zusätzlich in den Dienstplan aufgenommen und standen dann anderen Abteilungen als Berater zur Verfügung. Sie tauschten Fachwissen aus und unterstützten bei klinischen Überlegungen. Das ermöglicht die Aufnahme und Behandlung von Patienten auf einer normalen Pflegeabteilung, die sonst auf einer IPS landen würden. Es führt zu 40 % weniger Aufnahmen in die IPS. Die Qualität der Betreuung all dieser Patienten liegt im nationalen Vergleich immer noch über dem erforderlichen Niveau. Ein schöner Nebeneffekt ist die neue und herausfordernde Tätigkeit der Pflegefachkräfte. Darüber hinaus zeigt sich, dass die Arbeit der anderen Pflegefachkräfte auf der Normalstation interessanter geworden ist.

Ein drittes Beispiel: In der onkologischen Klinik der Universität Groningen wurden mit 184 älteren Patienten (über 70 Jahre alt), die eine intensive Behandlung vorgeschlagen bekamen, eingehende Gespräche von spezialisierten Pflegefachkräften geführt. Das Ziel war, zusammen mit dem Patienten zu eruieren, welche Resultate er sich von der Behandlung wünschte und was ihm am wichtigsten war. Für „mehr als die Hälfte der Patienten wäre der Erhalt der Unabhängigkeit das wichtigste Behandlungsergebnis, gefolgt von Lebensverlängerung und Symptomlinderung". Diese Resultate wurden vom Behandlungsteam in den definitiven Behandlungsvorschlag einbezogen. Für ein Viertel der Patienten wurde der Vorschlag geändert und es wurde nicht oder nur wenig operiert. Interessanterweise war das Sterberisiko im ersten Jahr für beide Patientengruppen dasselbe: 29 %. Die Gruppe mit weniger Behandlungen hatte weniger Komplikationen und verbrachte die meiste Zeit zu Hause und weniger im Spital. Mehr Zeit für Patienten führt zu einem anderen Ansatz in der Behandlung und zu neuen interessanten Aufgaben für Pflegefachkräfte.

Viertens wird in immer mehr Spitälern in den Niederlanden eine Anpassung der Position der Pflegefachkräfte vorgenommen. Seit einigen Jahren gibt es in den Spitälern einen Beirat für Pflegefachkräfte (Verpleegkundige Advies Raad [VAR]). Dieser funktioniert neben dem Spezialarztbeirat, dem Betriebsrat und dem Kunden- oder Patientenrat. Diese Gremien beraten die Geschäftsleitung und haben Mitspracherecht bei vielen Entscheidungen, auch bei strategischen. Zusätzlich haben sie Mitspracherecht bei der Wahl der Geschäftsleitung und der Verwaltungsratsmitglieder. Der Patientenrat darf laut Gesetz sogar ein Verwaltungsratsmitglied ernennen. Einzelne Spitäler haben einen Vertreter aus dem Spezialarztbeirat und der VAR in der Geschäftsleitung. Das Inkrafttreten des Gesetzes für Mitspracherecht der Pflegefachkräfte am 1. Juli 2023 hat diesen Prozess deutlich beschleunigt.

Im Projekt *Nurses know better* sind Pflegefachkräfte, Teamleitung und Spezialärzte auf der Station formal gleichgestellt. Das Ergebnis ist eine Steigerung der Betreuungsqualität, aber auch eine Steigerung der Arbeitszufriedenheit. Sogar die Fehlzeiten gehen zurück! In anderen Projekten mit ähnlichen Ergebnissen wird die multidisziplinäre Besprechung der stationären Patienten nicht mehr von einem Spezialarzt, sondern von einer Pflegefachkraft geleitet. Der Grund dafür ist die hohe Kontinuität der pflegerischen Betreuung und das größere Wissen um den Patienten, denn der Arzt kommt höchstens einmal für ein paar Minuten am Tag, die Pflegefachkräfte sind 24 Stunden am Tag da.

Auf der IPS des Universitätsspitals Nijmegen und von drei regionalen Akutspitälern wurde in einer qualitativen Studie untersucht, welche Faktoren die Arbeitszufriedenheit der Pflegefachkräfte beeinflussen. Drei Faktoren stachen hervor: Arbeit in ein und derselben Gruppe mit denselben Kollegen, Freiheit, selbstständig zu arbeiten und ihre Expertise einzusetzen und Herausforderungen, die einem professionell weiterbringen. Auf Grund dieser Daten beschreiben Gijs Hesselink, Post-Doc am Universitätsspital Nijmegen, und Mitautoren im Jahr 2023 eine Reihe von Empfehlungen, wie man die Arbeitszufriedenheit erhöhen könne. Pflegefachkräfte blieben so länger im Beruf.

ZUSAMMENARBEIT

Die Entwicklungen in den Niederlanden, ob es um Ambulantisierung oder auch andere Prozesse geht, haben dazu geführt, dass das neue Zauberwort im Gesundheitswesen Zusammenarbeit heißt. Die genannten Beispiele zeigen das deutlich auf. Es geht um Kooperation zwischen den verschiedenen Disziplinen im Gesundheitswesen, aber auch um Kooperation zwischen Organisationen. In dieser Kooperation ist der Patient ein zentraler Partner.

Zusammenarbeit bedeutet ebenso, die Mauern zwischen den Parteien einzureißen und Inseln und Königreiche verschwinden zu lassen. Das ist nicht einfach, weil finanzielle Anreize dabei hinderlich sind und Wettbewerb ein Spielverderber ist. Es erfordert also viel Energie. In den Niederlanden hat es sich als hilfreich erwiesen, dass die Regulierungsbehörde für den Gesundheitsmarkt darauf hingewiesen hat, dass eine inhaltliche Zusammenarbeit nicht gegen die Wettbewerbsbedingungen verstößt. Eine Aufteilung des Marktes oder finanzielle Absprachen zwischen den Parteien sind natürlich nicht erlaubt.

Das neue Motto in den Niederlanden lautet inzwischen: *die richtige Behandlung am richtigen Ort, zum richtigen Preis und zum richtigen Zeitpunkt.* Man ist sich einig, dass es hierzu einen regionalen Plan braucht. Miteinbeziehen kann man auch eine Konzentration von bestimmten Behandlungen zur Qualitätsverbesserung. Inzwischen sind für fast alle Regionen in Absprache mit den Organisationen des Gesundheitswesens, den Provinzen, Gemeinden und Vertretern von Patientenorganisationen und Einwohnern solche Pläne entwickelt worden. Obwohl Lösungen nicht vorgeschrieben wurden, sieht man jetzt fast überall in den Plänen ein auf komplexe Behandlungen ausgerichtetes Akutspital pro Region, auch Interventionszentrum genannt, umgeben von regionalen Behandlungszentren, in denen auch der Großteil der ambulanten Behandlungen stattfinden kann. Für sehr seltene Behandlungen genügen dann nur noch die Universitätsspitäler. Ein Beispiel dafür ist die Kinderherzchirurgie. Außerdem sind in den Niederlanden alle Kenntnisse und Erfahrungen auf dem Gebiet der pädiatrischen Onkologie im Prinses Maxima Centrum in Utrecht gebündelt. Hier werden alle Kinder mit Krebs in den Niederlanden behandelt. Es ist das größte Kinderkrebszentrum Europas. Für die weitere Behandlung gibt es in den verschiedenen Regionen daran angeschlossene Spitäler.

Diese oben genannten Entwicklungen in Richtung Zusammenarbeit haben den Rat für Volksgesundheit und Gesellschaft (RVS), ein offizielles Beratungsgremium der Regierung, veranlasst, in einem im Jahr 2023 veröffentlichten Bericht das Gesundheitssystem auf Probleme zu analysieren und Lösungen zu prüfen. Der Rat legt großen Wert auf eine kohärente und integrierte Betreuung. Er empfiehlt unter anderem, den Wettbewerb für die Hausarztpraxen, die Psychiatrie und die Spitex sowie die Notfallmedizin aufzuheben. Bei Letzterer stellt sich dann auch die Frage, ob es nicht eine nationale Ausrichtung der Kapazitäten und Standorte geben sollte.

In Belgien hat man im Jahr 2019 rigoros eingegriffen. Auch dort war klar, dass regionale Zusammenarbeit die Qualität der Betreuung verbessern und die Kosten senken könnte. Per Ge-

setz wurde dort die regionale Zusammenarbeit für die Akutmedizin geregelt. Spitäler, die sich nicht beteiligen wollen, ver-
lieren ihre Zulassung. Mitmachen im Netzwerk ist also nicht
unverbindlich. Vorgeschrieben ist ein Rechtsträger, worin die
Zusammenarbeit der Spitäler Gestalt annehmen muss. Auch
die Verwaltung dieses Rechtsträgers und seine Entscheidungsfindung sind gesetzlich geregelt. Die Zusammenarbeit im Netz
ist von der Wettbewerbsaufsicht ausgenommen. In Belgien sind
25 solche Netzwerke vorgeschrieben.

In Dänemark wurde bereits im Jahr 2007 ein Systemwechsel
vollzogen. Auch hier bildet ein regionales Netzwerk die Basis der
Betreuung. Das Land ist in 5 Regionen aufgeteilt, statt wie zuvor
in 16. Die Zahl der Akutspitäler wurde von 40 auf 21 reduziert.
Eine Konzentration von komplexeren, aber nicht hochspezia-
lisierteren Behandlungen wurde durchgeführt. Hochspeziali-
sierte Medizin wird nur noch in ein paar Spitälern angeboten.
Ambulantisierung und Zusammenarbeit sind in Dänemark die
Schlüsselelemente.

INTEGRIERTE VERSORGUNG

Für viele Regionen in den Niederlanden liegen inzwischen Re-
gionalpläne für eine integrierte Versorgung auf dem Tisch, und
es gilt, sie in die Praxis umzusetzen. Dies wird noch Zeit und
Mühe kosten. Die Vorreiter waren die *Pioneer Sites*. Auch in einigen anderen Regionen sind bereits Netzwerke entstanden,
zum Beispiel in der Nord-West-Veluwe. Es zeigt sich, dass die
integrierte Betreuung zu niedrigeren Kosten, höherer Qualität
und größerer Zufriedenheit bei den Beteiligten, vor allem bei
den Patienten, führt. Letztlich bleibt die Frage offen, inwieweit und von wem solche Netzwerke gesteuert werden sollten.
Die Berater Mouton und Vos im Jahr 2021 und später Mouton
und Schrijvers (seines Zeichens ehemaliger Professor für Public Health an der Universität Utrecht) im Jahr 2024 schlagen
einen noch zu definierenden öffentlich-rechtlichen Träger vor.

Vorerst wird davon ausgegangen, dass eine der Krankenkassen die Führung übernehmen wird. Die Initiativen sind noch jung. In einigen Jahren werden wir wissen, was die Ergebnisse sind und ob sie in die richtige Richtung gehen.

Die integrierte Versorgung ist auch in der Schweiz ein Thema, das schon seit vielen Jahren diskutiert wird. Der PwC-Bericht aus dem Jahr 2020 weist ebenfalls auf die Notwendigkeit hin, ein Betreuungsnetz rund um den Patienten aufzubauen, ein Netz, an dem alle Akteure beteiligt sind. Auch hier legt das Wettbewerbsmodell Steine in den Weg. Dennoch hat die Coronapandemie gezeigt, dass es möglich ist, zusammenzuarbeiten. Auch danach gibt es Möglichkeiten, eine Balance zwischen Wettbewerb und Zusammenarbeit zu finden. In der Botschaft stellt PwC das Hub-and-Spoke-Modell für die integrierte Betreuung in der Akutmedizin ausgiebig vor. Es werden auch praktische Beispiele für die verschiedenen Formen der Zusammenarbeit beschrieben. Berechnungen zeigen, dass die Zahl der stationären Betten um mehr als 10 % und der prognostizierte Personalmangel um 7–10 % reduziert werden kann. Es würden „6300 Fachkräfte weniger benötigt". Die Zahl der Operationssäle kann auf diese Weise um 9 %, die der Intensivstationen um 13 % und die der Notfallstationen um 19 % reduziert werden. Die Zukunft wird zeigen, inwieweit das Modell umgesetzt wird und ob die Ergebnisse so ausfallen wie gedacht.

Im Bericht *Integrierte Versorgung* von der Beratungsgesellschaft KPMG aus dem Jahr 2020 werden einige Beispiele in der Schweiz besprochen. Ich nehme hier nur eines heraus, das Beispiel im Jurabogen unter dem Namen *Reseau de l' Arc* nach dem Vorbild der Kaiser Permanente in den Vereinigten Staaten. Hier wird man Mitglied und genießt dann eine umfassende integrierte Versorgung, die mehr beinhaltet als Akutmedizin. Man ist gespannt, wie sich dieses Modell, das seit dem 1. Januar 2024 funktioniert, weiterentwickelt und ob dasjenige, was versprochen wird, auch erreicht wird.

In Deutschland wird ebenfalls seit Jahren für die integrierte Versorgung gekämpft, z. B. von der DGIV (Deutsche Gesellschaft für Integrierte Versorgung im Gesundheitswesen e. V.). Die Verantwortlichkeit für ambulante Behandlungen liegt bei den kassenärztlichen Vereinigungen und für stationäre Behandlungen bei den Ländern. Dies hindert einen schnellen Fortschritt, so Professor Thomas Gerlinger. Kurz gesagt, die Abschottung der Versorgungsbereiche ist ein großer Stolperstein.

Integrierte Versorgung umfasst die Versorgung auf allen Ebenen des Gesundheitswesens, von der Grundversorgung in der Hausarztpraxis bis zur Behandlung im Universitätsspital oder Pflegeheim und allem, was dazwischen liegt. Man muss sich dabei im Klaren sein, dass im internationalen Kontext der Begriff *integrative care* benutzt wird. Verwirrend ist, dass dieser Begriff ebenso angewendet wird, wenn es um integrative Versorgung oder Medizin geht. Obwohl die Entwicklung und der Einsatz von dieser integrativen Versorgung oder auch nur von integrativer Medizin sehr interessant sind, werde ich mich damit im Rahmen dieses Buches nicht weiter befassen.

Integrierte Versorgung verlangt einiges, wenn sie erfolgreich sein will. Pim Valentijn, Berater und Erfinder des Regenbogenmodells (*Rainbow Model*) für integrierte Versorgung, weist in seiner Dissertation auf wesentliche und bedeutende Elemente – in willkürlicher Reihenfolge – hin:

- Eine deutlich umschriebene Bevölkerungsgruppe
- Eine Organisation, die unterstützt und führt
- Freiheit, um lokale Bedürfnisse aufzugreifen und Leistungen anzupassen
- Gegenseitiges Vertrauen, gerade bei Fachkräften
- Die Eigenverantwortung des Patienten hervorheben
- Konstruktives Verhalten von allen Beteiligten
- Fähigkeiten zur interdisziplinären Zusammenarbeit von Fachkräften ausarbeiten und ausbilden
- Zusammenarbeit zwischen Organisationen stimulieren und organisieren

Integrierte Versorgung ist komplex und umfasst Aktionen auf verschiedenen Ebenen. Nicht immer ist deutlich, was geschehen soll. Vorlagen gibt es nur beschränkt. Valentijn sieht „integrierte Versorgung eher als eine ‚Kunstform‘, die auf einer bunten Palette von Überzeugungen, Werten, Erfahrungen und Fachwissen beruht, die in verschiedenen akademischen, politischen, organisatorischen, beruflichen und klinischen Bereichen erworben wurden“. Diese Kunst „der Verwirklichung der integrierten Versorgung erfordert die Komplexität zu modulieren, ohne im totalen Chaos zu enden oder eingeengt zu werden in nicht zu ändernden Grenzen“.

Alles in allem wird immer deutlicher, dass eine Form der regionalen Zusammenarbeit das Beste für die Patienten ist. Dabei entscheiden sich die verschiedenen Länder für unterschiedliche Lösungen. Vielleicht könnten sie auch die Erkenntnisse aus anderen Ländern stärker nutzen. Es fällt auf, dass die integrierte Versorgung auch als nur akutmedizinische Versorgung verstanden wird. In den meisten Fällen geht es um eine Gesamtversorgung wie in den Niederlanden. Hier werden alle Aspekte der Behandlung und Betreuung in einem Netzwerk kombiniert.

SCHLUSSFOLGERUNG

Am Ende dieses Kapitels über Ambulantisierung lässt sich feststellen, dass es viele Beispiele für erfolgreiche Veränderungen in den Niederlanden gibt, aber ebenso nützliche Ideen, was man weiter verändern könnte. Viele Veränderungen bieten interessante Möglichkeiten für Fachkräfte, einen zufriedenstellenden Arbeitsplatz zu finden. Das wird helfen, den Fachkräftemangel zu reduzieren.

Wichtig ist auch, dass sich gezeigt hat, dass mit einem anderen Ansatz, nämlich Patienten so viel wie möglich ambulant zu betreuen und zu behandeln und finanzielle Fehlanreize diesbezüglich zu beseitigen, die Kosten überschaubarer werden und die Qualität der Betreuung steigt. Vielleicht am wichtigsten: Dadurch wird, in begrenztem Umfang, weniger Personal benötigt.

Zusammenfassend kann man Folgendes erkennen: Wir beschäftigen nach wie vor sehr viel Personal. Dabei ist interessante und anspruchsvolle Arbeit wichtig. Die Beispiele haben gezeigt, dass sich für Pflegefachkräfte zahlreiche neue Möglichkeiten ergeben, einen spannenden und befriedigenden Arbeitsplatz mit einem hohen Maß an Selbständigkeit und Verantwortung zu finden. Auch bieten sich schöne Perspektiven für neue Auszubildende. Es erfordert allerdings Mut, anders zu denken, danach zu handeln und bei Innovationen Risiken einzugehen.

WAS KÖNNTE MAN NOCH ÄNDERN?

Die Ambulantisierung, wie im vorigen Kapitel beschrieben, führt zu einer Beschränkung der Kostenzunahme, vielleicht sogar zu einer Kostenreduzierung, zur Verbesserung der Qualität und am allerwichtigsten zu einem anderen Ansatz zur Reduzierung des Fachkräftemangels. Diese Entwicklung bietet Fachkräften neue Möglichkeiten und damit attraktivere Arbeitseinsätze. Die Frage, die übrig bleibt, lautet, ob damit alle Möglichkeiten auf diesen drei Gebieten ausgeschöpft sind. Meiner Meinung nach sind sie das nicht. Es sind auch noch andere Veränderungen sichtbar, die teilweise an die Ambulantisierung anschließen. In vielen Fällen sind sie sogar zusammen mit der Ambulantisierung durchführbar oder werden schon durchgeführt. Dabei ist zu berücksichtigen, dass in den Niederlanden die Ambulantisierung schon seit Jahren in Entwicklung ist und deswegen andere, neuere Wege im Gesundheitswesen mehr Nachdruck bekommen. Der Fachkräftemangel ist dann nicht unbedingt das wichtigste Thema. Es geht vor allem um die richtige Versorgung mit der richtigen Methode am richtigen Ort. Inzwischen lehrt die Erfahrung, dass dann für Fachkräfte, insbesondere Pflegefachkräfte, neue Einsatzmöglichkeiten entstehen. Damit sind die Entwicklungen interessant genug, um sie hier darzustellen.

VERÄNDERUNGEN IM GESUNDHEITSWESEN

Im Gesundheitswesen ändert sich momentan vieles. Die gesamte Versorgungskette verwandelt sich in ein Netzwerk. Dabei ist wichtig, nur dann Behandlung und Betreuung durchzuführen, wo das angebracht ist. Es wurde schon angegeben, dass eine adäquate Grundversorgung in der Hausarztpraxis anfängt. Dem Hausarzt und seinen direkten Mitarbeitern kommt dabei eine zentrale Rolle zu. Sie sollten die erste Anlaufstelle im Gesundheitswesen sein. In der neuen Situation, in welcher der Patient als Partner gesehen wird, sollte deutlich werden, dass Hausarzt und Patient natürliche Partner sind.

Länger dauernde Behandlungen und Betreuung durch den Spezialarzt werden seltener. Auch dann sollte für den Patienten klar sein, wie die erste Anlaufstelle organisiert ist. In vielen Fällen könnte das von einer spezialisierten Pflegefachkraft gemacht werden. Bis diese Veränderung akzeptiert wurde, hat es in den Niederlanden einige Jahre gebraucht. Sie erforderte von allen Beteiligten eine neue Einstellung, am meisten von den Medizinern. Ihre Position änderte sich grundlegend, ihr Einfluss wurde kleiner, ihre Machtposition kam ins Wanken. Ivan Illich, aber auch Peter Sloterdijk sagten diese Entwicklung schon in den Siebziger- und Achtzigerjahren des vorigen Jahrhunderts voraus.

Der Schwerpunkt der Betreuung von chronisch kranken Patienten befindet sich allmählich außerhalb des Spitals. Das Spital wird zu einem Expertise- und Interventionszentrum. In den Niederlanden wird auch über Werkstatt gesprochen, ein Ort, in dem die eher technische Diagnostik und vor allem die spezialärztliche Behandlung stattfinden. Kathryn Montgomery, Professorin der *Medical Humanities*, beschreibt in *How doctors think. Clinical Judgement and the practice of medicine* (Wie Ärzte denken, klinische Beurteilung und die medizinische Praxis) die Sprechstunde, die Begegnung von Patient und Arzt im Spital, als „ein kurzes, fast technisches Ad-hoc-Treffen mit Fremden". Trotz dieser Aussage wird heutzutage im Spital in Projekten mit personenzentrierter Betreuung immer mehr Wert auf den Patienten als Partner gelegt, wobei die Regie meistens noch nicht beim Patienten liegt. Aber auch hier ändert sich langsam einiges. Diese Veränderung verlangt vom Patienten die Abwägung zwischen Nutzen und Lasten, zwischen der einen und der anderen Behandlung, zwischen Behandeln und nicht Behandeln, und das meistens in einer schwierigen Lebensphase, in der eine Erkrankung ihm viel abverlangt. Wie kann man dann klar nachdenken, Argumente austauschen und Entscheidungen treffen? Was für den Patienten individuell sinnvoll erscheint, obliegt ganz allein ihm.

Um die Entscheidungsfindung gemeinsam zu gestalten, benützt man die Methode *Shared Decision Making*. Es verlangt, das Gespräch im Sprechzimmer anders zu gestalten, anders umzugehen mit dem Patienten. Es braucht mehr Zeit, um gut zuzuhören, und Einfühlungsvermögen. Auch sollten andere Behandlungsteammitglieder miteinbezogen werden. In vielen Fällen müssen die Vor- und Nachteile der Behandlung in einfacher Sprache erläutert werden und, nicht zu vergessen, beim Patienten geprüft werden, ob die Botschaft verstanden worden ist. Auch eine Erklärung des gesamte Behandlungsprozesses und wann in diesem Ablauf Entscheidungsmomente auftreten ist hilfreich. Eine Vertrauensperson des Patienten anwesend sein zu lassen, führt zu besseren Entscheidungen. Und, wichtig: Der Patient braucht Zeit – um über das Gehörte nachzudenken und um mit Nahestehenden zu sprechen Schlussendlich soll der Patient Mitglied des Behandlungsteams sein.

Verschiedene Studien aus den Niederlanden in mehrere Spitäler befassen sich mit dieser Thematik. Ellen Driever, Ärztin und Untersucherin, et al., ebenso Trudy van der Weijden, Professorin für Hausarztmedizin an der Universität Maastricht, et al. zeigen auf:

- Ärzte und Pflegefachkräfte wissen zu wenig von *Shared Decision Making*
- Ärzte sind sich den Lücken in ihrem Wissen nicht bewusst
- Junge Ärzte bevorzugen einen paternalistischen Ansatz
- Patienten sind mit der Methode weniger vertraut als Ärzte, oder völlig unwissend darüber

Diese Erkenntnisse zeigen, dass gemeinsam Entscheiden nicht einfach ist. Um diese Entwicklung voranzutreiben, braucht es noch viel Arbeit. Paulina Bravo, Direktorin der *Fundación Arturo López Pérez* in Chile, Gastredakteurin, und ihre Co-Redakteure zeigen das in einer Übersicht der aktuellen Situation in zahlreichen Ländern der Welt. Auch in der Schweiz geht es nur langsam voran.

METRO MAPPING

Das Thema *Gemeinsam entscheiden* wird in den Niederlanden in einem onkologischen Projekt der Universitätsspitäler Leiden, Nijmegen und Rotterdam und der Fakultät *Industriel Design* der Technischen Universität Delft weiterentwickelt. Industriedesigntechniken werden verwendet, um den ganzen Prozess – vom ersten Besuch in der Sprechstunde und der ersten Diagnostik bis zum eventuellen Eingriff, der medikamentösen Behandlung und Nachsorge – zu visualisieren. Damit wird eine sichtbare und damit besser verständliche Übersicht über alle Aspekte des Ablaufs geschaffen. Nach den ersten guten Ergebnissen wird dieses Projekt mit Hilfe eines Horizon-Europe-Stipendiums in mehreren europäischen Ländern (Belgien, Dänemark, Deutschland, Großbritannien, Österreich, den Niederlanden, Schweden, Slowenien und Spanien) von dort ansässigen Designfirmen fortgesetzt und als *The 4D Picture Project* weiterentwickelt.

Ingeborg Griffioen (1971–2022), die Gründerin von Panton, der niederländischen Designfirma in diesem Projekt, erfand und zeichnete im Jahr 2011 eine medizinische Metrolinie als Visualisierung für Behandlungsabläufe im OP-Bereich und später ebenso Metrolinien für Behandlungspfade für das Spital in Emmen (NL), wo ich damals CEO war. Diese Methode wurde von etlichen Spitälern übernommen. Interessant ist, dass in der Coronapandemie ein Bericht der niederländischen Regierung mit mehreren Visualisierungen von Abläufen bei COVID-19 erschien. In einer Erklärung erläutert der verantwortliche Künstler, dass eine Visualisierung ihm hilft, die Kontrolle über die Situation zu bekommen. Sowohl Patienten als auch Fachkräfte im Gesundheitswesen sind derselben Meinung. Erstaunlich ist, dass in beiden Fällen eine U-Bahn-Linie als Vorbild benutzt wurde.

Im oben genannten onkologischen Projekt wurden die in mehreren Spitälern über einige Jahre mit der Metrolinie gesammelten Erfahrungen in eine neue Methode umgesetzt: Metro Mapping. „Dies ist eine Service-Design-Methode, mit der Behandlungspfade entworfen und optimiert werden können. Metro Mapping kann zur Verbesserung der Patientenerfahrung und zur Bewältigung klinischer Herausforderungen eingesetzt werden, zum Beispiel im Zusammenhang mit gemeinsamer Entscheidungsfindung, Wertschöpfung für Patienten und multidisziplinärer Zusammenarbeit. [...] Die Metro Map veranschaulicht vier Themen eines Behandlungs- und Betreuungspfads: die Schritte im Pfad, die mit dem Patienten ausgetauschten Informationen, die beteiligten medizinischen Fachkräfte und das Umfeld, in dem die Behandlung und Betreuung stattfindet. Diese vier Themen werden in der Metro Map auf separaten Ebenen dargestellt. Eine fünfte und oberste Ebene zeigt die Erfahrungen der Patienten und ihrer Angehörigen in der Behandlung und Betreuung. [...] Wenn die Behandlungspfade für Patienten, Angehörige und Betreuer klarer sind, können alle Beteiligten besser mitmachen und zusammenarbeiten. Metro Mapping ist frei zugänglich, das heißt für jeden, der es nutzen möchte, kostenlos" (siehe: https://metromapping.org/en/und Creative Commons CC BY-NC-SA 4.0 [https://creativecommons.org/licenses/by-nc-sa/4.0/deed.en]). Die Artikel von Anne Stiggelbout (Professorin für Medizinische Entscheidungsfindung an der Universität Leiden) et al. und Judith Rietjens (Professorin für *Industrial Design* der Universität Delft und Professorin für *Public Health* der Erasmus-Universität Rotterdam) et al. geben ebenfalls einen guten Einblick.

Die Fortschritte findet man auf der Website vom Projekt oder im Newsletter (https://4dpicture.eu/).

REGELREDUKTION

Immer wieder wird über die Bürokratie geklagt und eine Regelreduktion verlangt. Wie liesse sich diese durchführen? Man möchte lieber heute als morgen Änderungen sehen. Aber so einfach ist das nicht.

An verschiedenen Stellen sind gute Vorbilder zu finden. Von besonderem Interesse sind jene, die durch eine einfache Nicht-Anwendung von Regeln erreicht wurden. Die Ergebnisse sind in dem Sinne als gut zu bezeichnen, da hierbei keine Nachteile in Qualität der Behandlung und Betreuung entstanden. Trotzdem gestaltet sich die Deregulierung kompliziert. Man braucht viel Zeit, um sich an Neues zu gewöhnen und man bekommt Ärger mit offiziellen Instanzen, Berufsvereinen und sogar mit Kollegen.

Das Motto *So machen wir das hier immer* vergrault einem die Lust, neue Initiative zu starten. Meistens ist diese Hemmschwelle zu groß. Solche Aussagen zeigen, dass eine Kulturänderung notwendig ist. Ob dies eingesehen wird und ob sie dann einfach zu realisieren wäre, kann man bezweifeln. Trotzdem sind Ansätze für Erneuerungen zu finden, die man schrittweise angehen kann. Vorbilder dazu finden sich in den Niederlanden. Zum Beispiel wurden auf Pflegeabteilungen Pilotprojekte ausgeführt, wobei man administrative Leistungen ausgelassen hat, ohne die Qualität der Behandlung und der Pflege negativ zu beeinflussen. Wichtig ist, dass man diese Änderungen gemeinsam beschlossen hat.

Marieke Zegers, Senior Researcher zu IPS, und Mitautoren und Gijs Hesselink und Mitautoren, stellen in ihren Artikeln ein Projekt über Reduzierung des bürokratischen Aufwands in den IPSen von acht Spitälern, darunter zwei Universitätsspitäler und Pflegeabteilungen dar. Intensive Diskussionen mit allen Beteiligten, auch mit den Patienten und ihren Familienangehörigen, gingen einer Reduktion auf 17 als sinnvoll erfahrene Qualitätsindikatoren voraus. Am Anfang brauchten die Fachkräfte 52,3 Minuten pro Tag, um die Indikatoren zu registrieren. Die Registrierungszeit wurde mehr als halbiert. Fachkräfte meldeten, sich durch diese Reduzierung verantwortlicher für die Qualität ihrer Arbeit zu fühlen. Dies hat einen positiven Einfluss auf die Arbeitszufriedenheit.

GESUNDHEIT

Die vorherrschende Definition von Gesundheit der Weltgesundheitsorganisation (WHO) ist schon viele Jahre alt. Sie lautet: „Gesundheit ist ein Zustand völligen psychischen, physischen und sozialen Wohlbefindens und nicht nur des Freiseins von Krankheit und Gebrechen". In der Präambel schreibt die WHO: „Der Besitz des bestmöglichen Gesundheitszustandes bildet eines der Grundrechte jedes menschlichen Wesens, ohne Unterschied der Rasse, der Religion, der politischen Anschauung und der wirtschaftlichen oder sozialen Stellung". Es überrascht nicht, dass diese Definition Anlass zu vielen Diskussionen gibt. Wenn man sie genau liest, kommt man zu dem Schluss, dass niemand gesund sein kann. Im Gegenteil, jeder ist bereits krank. Und Krankheit muss bekämpft werden. Viele Menschen erkennen nicht mehr, dass gesund sein ein normaler Zustand ist. Nikolas Rose, Professor der Soziologie in London, sieht diese Definition kritisch und weist darauf hin, dass diese Situation dazu führt, dass gesund sein nur die Vorstufe von Kranksein ist. Er bezeichnet gesunde Menschen als „symptomlose Präpatienten". Wir bräuchten ständig Behandlung.

Der ehemalige deutsche Philosophieprofessor Hans-Georg Gadamer wies im Jahr 1963 daraufhin, dass Gesundheit nichts Fixiertes ist, sondern ein (manchmal labiler) dynamischer Gleichgewichtszustand, von ihm „eine verborgene Harmonie" genannt. Weiter stellt er fest, dass es wichtig ist, zu unterscheiden, worum es genau geht: „Krankheit ist primär nicht jener feststellbare Befund, sondern ist eine Erfahrung des Leidenden". Er schließt damit an bei älteren, schon im 19. Jahrhundert geäußerten, ähnlichen Aussagen, die meistens berühmten Ärzten zugeschrieben werden, wie zum Beispiel William Osler.

Vielfach wird dazu folgendes Zitat (https://quoteinvestigator. com/2019/07/20/patient/) benutzt: „Es ist genauso wichtig zu wissen, welcher Patient die Krankheit hat, wie zu wissen, welche Krankheit der Patient hat". Es verlangt nach einem neuen Begriff von Gesundheit und Krankheit. Krankheit will noch nicht heißen, krank zu sein. Jeder Mensch erlebt seine Krankheit anders und verhält sich in seinem Krank-Sein unterschiedlich.

Machteld Huber, Ärztin und Forscherin, hat mit Hilfe von vielen anderen Forschern eine andere Beschreibung, eine andere Vorstellung von Gesundheit lanciert: „das Vermögen, sich anzupassen und selbst Regie zu führen, angesichts der sozialen, geistigen und körperlichen Herausforderungen des Lebens". Sie hält es für sehr wichtig, diese Beschreibung als ein Konzept für weitere Überlegungen und Forschungen zu sehen. Sie nennt ihr Konzept „positive Gesundheit" (https:// positive-gesundheit.eu/index.php/positive-gesundheit/was- ist-positive-gesundheit).

Die folgenden Dimensionen, die sich für jede Person im Spinnennetzdiagramm visuell darstellen lassen, spielen in diesem Konzept eine Rolle:

* Körperliche Funktion
* Mentales Wohlgefühl
* Sinngebung
* Lebensqualität
* Partizipation
* Das tägliche Leben

Huber ist nicht die Einzige, die mit neuen Ideen aufwartet. Andere Konzepte sind zum Beispiel *Trusted Networks* von Alex Jadad, Medizinprofessor in Toronto, und das *Meikirch-Modell* von Johannes Bircher und Eckart Hahn, ehemalige Professoren für innere Medizin. Diese Entwicklungen regen dazu an, Krankheit und Gesundheit anders zu betrachten. Hinzu kommt dann eine andere Art, mit den Patienten umzugehen und das Gespräch zu führen. In verschiedenen regionalen Projekten, aber auch in Spitälern in den Niederlanden, wird dieser Ansatz, positive Gesundheit, mit großer Zufriedenheit von Patienten und Fachkräften benutzt. Es gibt den Letztgenannten zudem eine neue Herausforderung, die den Beruf bereichert.

PARTNERSCHAFT

Schon viele Jahre sollte der Patient im Mittelpunkt stehen. Michel Loughlin, Professor für angewandte Philosophie an der West-London-Universität, argumentiert, dass eine personenzentrierte Medizin als eine Tautologie aufzufassen sei. Die Medizin solle von sich aus schon personengerichtet sein. Es ginge immerhin um Menschen und ihre Krankheit und ihr Krank-Sein. Die Wirklichkeit sieht manchmal, vielleicht fast immer, anders aus. Das Gesundheitswesen ist fachkräfteorientiert. Nebenbei wird als Lippenbekenntnis der Patient als Partner angedeutet. Diese Aussagen erscheinen auf den ersten Blick vielleicht zu hart und viel zu schwarz-weiß. An vielen Stellen meint man tatsächlich, dass der Patient im Mittelpunkt stehe. Jedenfalls äußert man sich so. Ob der Patient das auch so erlebt, bleibt vielfach undeutlich. Die große Frage ist, wie eine Partnerschaft mit den Patienten wirklich zustande kommen kann.

Vanessa Grand, Mitarbeiterin vom Kompetenzzentrum Partizipative Gesundheitsversorgung PART der Berner Fachhochschule, zeigt in einem Vortrag, wie kompliziert das ist. Diese Partnerschaft ist für beide, Patient und Fachkraft, nicht einfach zu gestalten. Beide müssen lernen, anders zu denken und zu handeln. Es verlangt von der Fachkraft, den Fachjargon zu vermeiden, zu lernen, sich in einfachen Worten auszudrücken, sich eine Vorstellung zu bilden über die Gesundheitskompetenz des Patienten und immer wieder nachzufragen, ob der Patient gut verstanden hat, worum es geht. Dies ist noch wichtiger in Gesprächen mit Menschen mit geringen Sprachkenntnisse oder Illettrismus (funktionaler Analphabetismus).

Erfahrungsgemäß denkt man dabei an Menschen mit einem Migrationshintergrund. Die Wirklichkeit in den Niederlanden und in der Schweiz sieht jedoch anders aus. Mehr als 800 000 Schweizer gehören laut dem Schweizer Dachverband Lesen und Schreiben in diese Kategorie. In den Niederlanden schätzt man diese Gruppe auf 2,5 Millionen Einwohner inklusive Einwohner mit einem Migrationshintergrund, berichtet die *Stichting Lezen en Schrijven* (Stiftung Lesen und Schreiben). 1,8 Millionen davon sind 16- bis 65-jährig und mehr als die Hälfte dieser Gruppe spricht Niederländisch als Muttersprache. In Deutschland soll diese Gruppe mehr als 7,5 Millionen Menschen umfassen. Gegenseitiges Verstehen wird erschwert, wenn Ärzte oder andere Fachkräfte Mühe haben mit der Landessprache, da sie aus dem Ausland kommen. Diese Situation trifft vor allem auf die Schweiz zu.

Vanessa Grand weist daraufhin, dass Fachkräfte unter Umständen die Gesundheitskompetenz der Patienten, vor allem von chronisch kranken Patienten, unterschätzen und deshalb beachtliche Mühe haben, sich mit den Patienten zu verständigen, obwohl kein Illettrismus vorhanden ist. Am besten haben sich die Hausärzte mit dem Thema Gesundheitskompetenz zurechtgefunden. Spezialärzte müssen sich diese Materie vielfach noch aneignen, und auch im Spitalwesen fehlt manchmal die nötige Erfahrung. An anderen Stellen (siehe die Kapitel *Hausärzte, Spitäler* und *Ambulantisierung*) haben wir schon gesehen, dass mehr Zeit in der Sprechstunde, ob beim Hausarzt, Spezialarzt, oder in Sprechstunden bei spezialisierten Pflegefachkräften, zu besseren und ausgewogeneren Entscheidungen über Behandlungen führt. Auf diese Art und Weise wird nachgedacht über Wünsche, Erwartungen und Lebenszeit. Mehr Zeit bietet auch eine bessere Möglichkeit zur gemeinsamen Entscheidungsfindung. In älteren Altersgruppen sollte die Zeit genommen werden, positive wie negative Seiten einer Behandlung zu besprechen. Insbesondere sollte die Möglichkeit betrachtet werden, keine Behandlung zu starten, da sich hier viele Patienten ohnehin im ihrem letzten Lebensabschnitt befinden. Es hat sich herausgestellt, dass so die Qualität dieser Lebensphase verbessert wird, weil operative Eingriffe, Narkose und Aufenthalt im Spital häufig mit unangenehme oder auch gefährliche Komplikationen einhergehen. Nebenbei sei erwähnt, dass so die Fachkräfte in geringerem Ausmaß in Anspruch genommen werden und auch geringere Kosten anfallen.

GESUNDHEITSKOMPETENZ

Der Begriff Gesundheitskompetenz wird nicht von jedermann gleich definiert. Im *Konzeptpapier zur Gesundheitskompetenz* von Saskia De Gani, Leiterin des Zentrums für Gesundheitskompetenz Careum in Zürich, und Mitautoren aus dem Jahr 2023 wird eine Definition für die Schweiz vorgeschlagen: „Gesundheitskompetenz umfasst ein Bündel von Kompetenzen, um proaktiv mit gesundheitsbezogenen Informationen, Dienstleistungen und Herausforderungen umzugehen. Dadurch werden Menschen befähigt, sich um die Gesundheit und das Wohlbefinden von sich und anderen zu kümmern". Es ist hier nicht die Stelle, ausgedehnt darüber weiterzusprechen.

In den Niederlanden wurde zur Beurteilung der Gesundheitskompetenz im Jahr 2023 anhand einer Stichprobe der Bevölkerung eine Untersuchung von NIVEL durchgeführt. Etwas mehr als ein Drittel, vor allem Menschen mit einem niedrigeren Bildungsniveau und Menschen mit einer schwachen Gesundheit, hatte eine niedrige Gesundheitskompetenz. Die Anzahl der Betroffenen hat im Laufe der letzten Jahre zugenommen. Ein Vergleich mit Deutschland und der Schweiz wäre kompliziert, weil nicht genau dieselbe Methode benützt wurde.

Eine ähnliche Untersuchung wurde in Deutschland in den Jahren 2019–2021 durchgeführt. Eine niedrige Gesundheitskompetenz zeigten fast 60 % der Probanden. Doris Schaeffer, Professorin für Gesundheitswissenschaften der Universität Bielefeld, und Mitautoren schreiben in ihrem Bericht: „Besonders Menschen mit niedrigem Bildungsgrad, niedrigem Sozialstatus, mit Migrationserfahrung, im höheren Lebensalter und mit chronischer Erkrankung oder langandauernden Gesundheitsproblemen weisen eine durchschnittlich geringere Gesundheitskompetenz auf. Die Studie unterstreicht damit die Bedeutung vulnerabler Gruppen. [...] Vermehrt haben auch *jüngere* Menschen zwischen 18 und 29 Jahren Schwierigkeiten im Umgang mit Gesundheitsinformation". Ein anderer Bericht zum selben Thema von Klaus Hurrelman, Professor der Gesundheitswissenschaften in Berlin, und Mitautoren zeigt, dass sich die Gesundheitskompetenz zwischen 2014 und 2020 „statistisch signifikant verschlechtert hat".

Die Untersuchung über dieses Thema in der Schweiz mit derselben Methode liefert ungefähr gleiche Resultate. Im diesbezüglichen Bericht von De Gani et al. wird auf jene Gruppen in der Bevölkerung gewiesen, die die geringste Gesundheitskompetenz aufweisen und deshalb unterstützt werden sollten: „Zu diesen Gruppen zählen insbesondere jene Personen, die finanzielle Schwierigkeiten haben, tieferen sozialen Schichten angehören, wenig soziale Unterstützung sowie Schwierigkeiten mit der lokalen Landessprache haben. Eine weitere Zielgruppe sind Personen mit vorliegenden chronischen Erkrankungen". Ebenso, jedoch nur in Teilgebieten, haben auch „die älteren Personen sowie Personen mit tieferer Bildung und jene aus eher ländlichen Regionen" Defizite.

Programme, um die Situation zu verbessern, findet man in vielen Ländern in Europa, liest man im von Iris van der Heide, Researcher beim NIVEL in Utrecht, und Mitautorinnen verfassten Kapitel im *International Handbook of Health Literacy*. Ergebnisse sind nicht überzeugend: „Die derzeitigen Erkenntnisse lassen keine Rückschlüsse auf die Wirksamkeit von Strategien und Maßnahmen zu". Trotzdem geben die Programmverantwortlichen nicht auf. Man hofft, dass Patienten seltener zum Arzt gehen, wenn sich ihre Gesundheitskompetenz verbessert.

INDIVIDUALISIERTE VERSORGUNG

Hier geht es um Partnerschaft mit dem Patienten. Das bedeutet, dass nicht nur die Lebens- und Krankengeschichte des Patienten miteinbezogen wird (siehe auch Kapitel *Gesundheit*), sondern auch der ganze Kontext des Patienten und seine Ansichten über das Leiden und die geäußerten Wünsche. Wichtig ist dabei das gemeinsame Entscheidungsvorgehen, wobei die Metro-Mapping-Methode (siehe dort) sehr hilfreich sein kann.

Dieser neue Ansatz soll wegführen von der Fließbandmedizin mit ihrer statistischen Wahrscheinlichkeitsberechnung, von der objektivierenden Medizin, wie Giovanni Maio, Professor für Ethik und Geschichte der Medizin in Freiburg im Breisgau, sie nennt. Ein und derselbe Befund bedeutet nicht ohne Weiteres dasselbe für den Patienten und dessen Behandlung. Maio beschreibt Medizin „als Kunst des richtigen Maßes". Und weiter: „Denn eine Medizin, die das Zwischenmenschliche ausklammert, kann das für den Patienten Dienliche nicht herausfinden". Diese Entwicklung kann durch eine partizipative Gesundheitsversorgung geliefert werden, wie das Schweizer Forum für integrierte Versorgung (fmc) in seinem Bericht für das Bundesamt für Gesundheit (BAG) festhält. Beispiele dieser Entwicklung findet man in der Altenpflege, wie CURAVIVA Schweiz zeigt. Thomas Kitwood arbeitete die Grundlagen schon vor vierzig Jahren aus, stützte sich dabei auf die Arbeit von Carl Rogers, dem Pionier der humanistischen Psychologie. Inzwischen wird diese Methode an vielen Orten in den Niederlanden, in Deutschland und in der Schweiz benützt.

Das Buch *Personalized Specialty Care: Value Based Healthcare Frontrunners from the Netherlands* aus dem Jahr 2021 beschreibt 14 Beispiele aus den Universitätsspitälern in den Niederlanden. Ich deute hier nur eines an. Das Beispiel bezieht sich auf onkologische Behandlungspfade, wie sie im Universitätsspital Nijmegen entwickelt wurden. Es verwundert nicht, dass mit Hilfe von Metro Mapping der ganze Prozess festgehalten wird – vom Hausarzt, über die Behandlung im Spital, bis zu und einschließlich der Nachsorge und eventuelle weitere Behandlungen. Wichtig sind die Momente, in denen Haltestellen visualisiert, in denen Entscheidungen zu treffen sind, sogar die Entscheidung, die Behandlung nicht weiter fortzusetzen. Es wird dabei eine Patientin zitiert: „Geben Sie mir die ÖV-Karte für diese Linie, und ich kann bestimmen, wo ich ein- und aussteige oder gegebenenfalls umsteige". Das ist natürlich auch eine Art, integrierte Versorgung zu verstehen.

ENTWICKLUNGSEBENE/BEZIEHUNGSEBENE

Otto Scharmer, Dozent, Unternehmer, Berater, assoziiert am *Massachusetts Institute of Technology* (MIT) und Gründer des *Presencing Institute*, beschreibt die Entwicklung der Gesellschaft – im Ganzen, jedoch auch der unterschiedlichen Domänen der Gesellschaft – in vier Phasen. Am Anfang herrscht die Autorität, in der vierten Phase angelangt geht es um das gemeinsame Bestimmen. Analog unterscheidet er vier Phasen im Arzt-Patienten-Verhältnis. Dabei geht es einerseits darum, wie der Patient vom Arzt gesehen und behandelt wird, anderseits um die Entwicklung des Verhältnisses zwischen beiden. Diese Situation kann man auch ausweiten auf das Verhältnis zwischen Patienten und jedem Betreuer. Selten ist nur eine Phase festzustellen. In den meisten Situationen sind Elemente aus allen vier Phasen vorhanden, aber eine Phase sticht deutlich hervor. Wie sehen diese Phasen aus?

Die erste Phase in der zeitlichen Entwicklung ist uns allen gut bekannt. In dieser Phase tritt der Arzt in den Vordergrund. Er ist die Vaterfigur, die beurteilt und entscheidet, was zu tun ist. Die Meinung des Patienten ist von begrenztem Nutzen. Es ist die Phase, worin der Patient wenig fragt und sich einer Behandlung unterzieht, weil der Arzt sie für notwendig hält. Der Patient ist lediglich ein Objekt. Dabei blieb es in der Vergangenheit auch in der Regel. Heute ist das anders. Es ist auch die Phase, in der über Defekt gesprochen wird. Die Krankheit sei ein Defekt, der repariert werden muss. Der Arzt ist der Mechaniker, der das Problem behebt. Man spricht von einer *Werkstatt*.

In der zweiten Phase entwickelt sich eine Art Gespräch, in dem der Patient die Rolle des Fragestellers einnimmt. Der Arzt ist zum Berater geworden, der dem Patienten sagt, was er am besten tun sollte. Die Diagnose steht im Mittelpunkt. Der Patient ist eine Art Lehrling.

In dieser Phase wird der Zusammenhang der Diagnose, des Lebensstils und der Lebensbedingungen zur Sprache gebracht. Der Arzt ist der Lehrmeister, der aufzeigt, welche Verbesserungen erreicht werden können, und wie.

In der dritten Phase übernimmt der Arzt eine Coaching-Rolle. Er hilft dem Patienten, seine Situation zu reflektieren und darüber nachzudenken, was für ihn unter diesen Umständen wichtig ist. Der Patient rückt in den Mittelpunkt. Der Patient erkennt, dass er in seinem eigenen Prozess, der Patienten-Journey, unterwegs ist. Das biografische Element kommt zum Vorschein. Welche Muster spielen sich in seinem Leben ab?

In der vierten Phase geht es um die Sinngebung. Welche Rolle spielt das Kranksein im Leben des Patienten, in seinem Menschsein? Scharmer spricht hier davon, sich auf die Suche nach den *inner sources of well-being* (innere Quellen des Wohlbefindens) oder den *sources of health and well-being* (innere Quellen für Gesundheit und Wohlbefinden) zu begeben. Der Arzt hilft bei dieser Selbstreflexion wie eine Hebamme, den Sinn des Krankseins zu finden.

Diese Phase ist die wesentlichste, die intensivste Phase der Beziehung zwischen Arzt und Patienten. Hier kommt es zu einer richtigen Begegnung. Begegnung bedeutet, offen für den anderen zu sein, ihn zu sehen und zu hören, und dass der andere sich auch gehört fühlt. Eine richtige Begegnung bedeutet auch, sich einzuschränken, sich zu verändern. Das gilt für beide, den Arzt oder die Pflegekraft und den Patienten. Es erfordert, wirklich frei zu sein, sich selbst zu begrenzen, wie Gadamer betont.

Diese Erkenntnisse führen dazu, Behandlung und Betreuung als Beziehungsphänomene zu betrachten.

BETREUUNG ALS BEZIEHUNGSPHÄNOMENE

Betreuung hat immer mit dem Anderen zu tun. Die Beziehung von Mensch zu Mensch bildet die Grundlage des Gesundheitswesens. Wie oben gesagt, ist das Verhältnis zwischen Menschen, bei welchem man sich gegenseitig als Individuum wahrnimmt, essenziell.

Frans Vosman, ehemaliger Professor für Medizinethik in Tilburg, und Andries Baart, emeritierter Professor für Geisteswissenschaft in Tilburg, weisen auf die Rolle des Experten hin, die Ärzte und andere Fachkräfte gerne einnehmen. Es ist die einfachste Rolle und die Rolle, die einem gelehrt wird in der Ausbildung, nicht zuletzt in der Ärzteausbildung. Tatsächlich verlangt eine Diagnosestellung, distanziert zu sein, bei Eingriffen umso mehr. Scharf formuliert distanziert man sich vom Patienten, vom Mitmenschen. Wie Scharmer zeigt, braucht es eine andere Herangehensweise, wenn es um mehr geht: Man muss mit dem Patienten Seite an Seite stehen, mit dem Anderen, in seinem Anders-Sein. Das verlangt, „präsent" zu sein, so Baart. Im Gesundheitswesen „müsse die Individualität wahrgenommen werden", sagen Vosman und Baart. Nicht zu vergessen sei, dass die Fachkräfte in der Betreuung objektives Wissen, „klinische Weisheit", aber vor allem „praktisches Wissen" und „handwerkliches Können" einbringen. Dieses Handwerk „schwebt zwischen Kunst und Wissenschaft, *weil es (kranken) Menschen dienen muss*".

Auf diese Art und Weise wird die Beziehung zwischen Arzt und Patient zur Kunst und zu einer heilenden Beziehung, das heißt, sie entwickelt sich zu einem gesundheitsfördernden Faktor als solches. Die Begegnung, der Dialog – Sprechen und Zuhören – zwischen Betreuer und Hilfesuchenden, spielt hier eine große Rolle. Die Resultate der Behandlung und der Betreuung werden besser, wenn diese Beziehung gepflegt und beachtet wird. Leider scheint in den letzten Jahren, in denen die technischen Fortschritte groß waren, diese einfühlsame Art zurückgegangen zu sein, schreiben Theodore Strange und Mario Castellanos, zwei passionierte erfahrene Ärzte aus New York.

REGIE

Die Frage lautet, wer führt Regie in der Behandlung und Betreuung eines Patienten? Regie heißt hier, dafür zu sorgen, dass der Zusammenhang zwischen allen gesundheitsorientierten Aktivitäten zustande kommt und überwacht wird. Könnte das von einem einzelnen Menschen gemacht werden? Die Antwort ist komplex. Wie könnte das aussehen? Der erste Gedanke ist, dass wenn der Patient als Partner gesehen wird, die Regie ganz oder auch nur teilweise vom Patienten selbst geführt werden sollte. Das kann nicht von jedem Menschen geleistet werden. Man denke zum Beispiel an die große Gruppe mit wenig Gesundheitskompetenz oder an Personen mit einer geistigen Behinderung. In einigen genannten Beispielen wird diese Regierolle von einem Case Manager übernommen, meistens einer Pflegefachkraft. Und was ist hier die Rolle des Hausarztes oder Spezialarztes?

Zunächst einmal ist der Patient derjenige, der sein eigenes Leben mit der Krankheit, mit dem Kranksein oder mit beidem gestaltet und dabei berücksichtigt, was für ihn wertvoll, sinnvoll und akzeptabel ist. Scharmer weist hier auf Reflexion, auf das Nachdenken, hin. Illich beschreibt, wie auf diese Weise Lebenskunst entwickelt werden kann. Damit wird deutlich Regie gezeigt, auch wenn der Patient sich entschließt, den Vorschlägen der Behandler zu folgen, und er sich keine Diskussionen wünscht.

An zweiter Stelle findet man den Hausarzt. Er sollte eigentlich als erstes der Partner des Patienten sein. Oben (siehe Kapitel *Veränderungen im Gesundheitswesen*) wurde schon erwähnt, dass ein rein technisches Ad-hoc-Treffen nicht genügt. Der notwendige Wandel in der neuen Richtung ist nicht immer einfach durchzuführen. Scharmer bietet dazu wichtige Anregungen. Der Hausarzt solle zum Helfer auf dem Lebenspfad des Patienten werden. So kann die Medizin voll zur Praxis im Sinne von Alasdair MacIntyre, einem ehemaligen Professor für Philosophie und Ethik werden. Gerrit Glas, Professor für Philosophie der Neurowissenschaften, und Mitarbeiter entwickelten diesen

Begriff weiter. Praxis wird von diesen Forschern als eine Vorgehensweise gesehen, jedoch eine besondere. Die Praxis habe mit inneren Werten zu tun, mit Tugenden. In der Praxis gebe es neben explizitem Wissen, durch die Studie erlangt, „stillschweigendes", implizites Wissen. Es verbinde handwerkliches Können und Moral, wobei letztere abhängig ist von den Tugenden des Praktizierenden, von seinem moralischen Charakter. Diese Überlegungen schließen an die Arbeit von Vosman und Baart an. Damit kann man wieder von Heilkunst reden.

Drittens ist da die Pflegefachkraft, die die Wünsche des Patienten, die Behandlung und Versorgung in der täglichen Situation umsetzt. Meistens ist das eine eigenständige Arbeit, die weiter reicht, als nur den Körper zu versorgen. Im Pflegeprozess ist die Begegnung ein wichtiger Ansatzpunkt, um von Pflegekunst sprechen zu können. Die wertvolle heilende Beziehung kann nur so entstehen. Auch hier kann man auf Scharmer zurückgreifen.

Am liebsten sieht man, dass der Patient die Regie führt mit Hilfe des Hausarztes und, wenn angebracht, auch der Pflegefachkraft. Wo der Patient nicht imstande ist, diese Rolle auf sich zu nehmen, zeitweilig oder permanent, könnte ein Familienmitglied das übernehmen. Auch kann zum Beispiel der Hausarzt primär die Regie führen. Vielfach wird diese Regie von ihm an eine in der Praxis arbeitende Pflegefachkraft abgetreten. Sie kann diese Rolle manchmal als eine Art Case Manager erfüllen, jedoch ebenso dazu die heilende Beziehung aufbauen.

Am Ende dieses Kapitels lässt sich feststellen, dass es nicht an Ideen und Vorbildern mangelt, die dem Patienten als Partner bessere Resultate bringen können. Nicht nur nebenbei dürfen Fachkräfte sich über interessante und anspruchsvolle Herausforderungen freuen, bei denen sie gefragt sind, über weitere Verbesserungen mitzudenken – einerseits für den Patienten, anderseits für ihren Beruf und ihre eigene Rolle.

RÜCKBLICK

Wir haben am Anfang gesehen, welche Probleme im Gesundheitswesen für Unmut sorgen. Das Wichtigste ist der Fachkräftemangel. Obwohl auch die Kosten und im geringeren Umfang die Qualität nicht außer Acht zu lassende Themen sind, sollte man eine Lösung für den Fachkräftemangel prioritär stellen. Ohne weitere Mitarbeiter steht uns in einigen Jahren ein Kollaps des Gesundheitssystems bevor.

An verschiedenen Stellen wurde gezeigt, wie Kosten eingespart werden können, um einen finanziellen Spielraum zu kreieren, mit dem die Entlöhnung von Pflegefachkräften verbessert werden kann. Bedeutsamer ist es, Fachkräften einen interessanten und anspruchsvollen Arbeitsplatz zu bieten. Wenn dann auch noch eine gute Work-Life-Balance geboten werden kann, nimmt die Arbeitsfreude und -zufriedenheit zu. So kann man Fachkräfte behalten und Schulabsolventen eine gute, ansprechende und abwechslungsreiche Zukunft bieten.

Aus den Erfahrungen in den Niederlanden geht hervor, dass Ambulantisierung, wobei diese weit mehr als ‚ambulant vor stationär' oder Spitalambulant aufgefasst werden kann, Pflegefachkräften neue Möglichkeiten bietet, wie auch Physician Assistents und MPAs, wie in den vorliegenden Kapiteln gezeigt wurde. Auch andere beschriebene Entwicklungen führen in dieselbe Richtung.

Der Hausärztemangel ist schwieriger zu beheben. Ansätze zur Verbesserung der Situation wurden geschildert. Für alle Ärzte, ob in der Ausbildung oder Facharzt, ebenso für Pflegefachkräfte, ist eine Reduzierung des administrativen Aufwands erwünscht. Beispiele von Lösungsrichtungen wurden gezeigt.

Die beschriebenen Qualitätsprobleme sollten nicht außer Acht gelassen werden. Auch hier spielt zum Teil der Fachkräftemangel eine Rolle. Auch dazu, wie die Qualität verbessert werden kann, wurden verschiedene Vorgehensweisen beschrieben. Vielfach führen diese zu einer größeren Arbeitszufriedenheit und damit zur Erhaltung von Fachkräften. Nicht zuletzt wurden in dem Fall auch die Patienten und ihre Angehörigen zufriedener sein.

Das alles verlangt danach, Innovationen auch gegen unvermeidbare Widerstände voranzutreiben. Dabei gibt es viel von einander zu lernen, obwohl dem in vielen Fällen das *not-invented-here*-Syndrom im Wege steht. Dazu braucht es Mut und Ausdauer. Doch in Zusammenarbeit lassen sich diese Ziele verwirklichen.

Wenn dann auch noch die Rolle des Patienten wirklich geändert wird und die integrierte oder integrative Behandlung und Versorgung zustande kommt, sollten ebenso Kosten und Qualität weniger zur Diskussion stehen, obwohl diese schon mit den vorherigen Maßnahmen positiv beeinflusst wurden.

Die Übernahme neuer Maßnahmen wird nicht einfacher durch die komplexe Situation des Gesundheitswesens, in der sich die Systeme verschiedener Länder nur teilweise ähneln. Trotzdem gibt es Anreize, bestimmte Vorschläge in angepasster Form zu übernehmen. Eine Auseinandersetzung mit Gedanken und Lösungen aus anderen Ländern liefert Denkanstöße!

SCHLUSSWORT

In den letzten Jahren hatte ich einige Male die Gelegenheit, in der Schweiz Vorträge über Ambulantisierung zu halten. Anlass dazu boten meine Erfahrungen mit Ambulantisierung in den Niederlanden, sowohl als Facharzt für Neurologie, CEO und Verwaltungsratspräsident von verschiedenen Spitälern, als auch als Patient. Das vorliegende Buch stützt sich auf diese Erfahrungen, auf die Diskussionen und Gespräche mit (ehemaligen) Kollegen und CEOs von Vorreiterspitälern und auf neue, zum Thema gesammelte Daten.

An dieser Stelle möchte ich all jenen herzlich danken, die durch ihre Fragen, Bemerkungen und Diskussionen beigetragen haben, dieses Buch zu gestalten. Zu diesen gehört auch Joshua Idstein, der als kritischer Lektor an vielen Stellen den Finger auf den wunden Punkt legte. Eine besondere Danksage ist meiner Partnerin Marianne vorbehalten. Ohne ihre Unterstützung, und das nicht nur in der Rechtschreibung, wäre dieses Buch nie zustande gekommen.

LITERATURÜBERSICHT

- ABF-Research. *Prognosemodel.* (https://www.prognosemodelzw.nl/) (nur auf Niederländisch) [29. Juli 2024]
- Alerion Consult: *Umfrage zum Ambulantisierungsgrad des Schweizer Gesundheitswesen.* Alerion Consult AG, Baar, Dezember 2023
- Alerion Consult: *Hürden in der Umsetzung der Ambulantisierung – Ein Blick in die Praxis.* Blog, 9. Oktober 2023 (https://www.alerion.ch/huerden-in-der-umsetzung-der-ambulantisierung-ein-blick-in-die-praxis/) [29. Juli 2024]
- Arzt: *Arbeitszeiten, Gesetze und Opt-Out-Regelung.* (https://info.doctolib.de/blog/arzt-arbeitszeiten-gesetze-und-opt-out-regelung/) [29. Juli 2024]
- Attinger L., Jacob P., Röllin G: *Last des administrativen Aufwands in Schweizer Spitälern.* Masterarbeit ZHAW, Zürich, Juli 2021
- Auerbach D.I. et al: *Projecting the Future Registered Nurse Workforce After the COVID-19 Pandemic.* JAMA Health Forum, 5 (2): e235389, 2024 (doi:10.1001/jamahealthforum.2023.5389) [29. Juli 2024]
- Auerbach A.D. et al: *Diagnostic Errors in Hospitalized Adults Who Died or Were Transfered to Intensive Care.* JAMA Intern Med. Online 8. Januar 2024 (doi:10.1001/jamainternmed.2023.7347) [29. Juli 2024]
- BAG: *Faktenblatt medizinische Grundversorgung.* (https://www.bag.admin.ch/bag/de/home/berufe-im-gesundheitswesen/medizinalberufe/medizinische-grundversorgung/bundesbeschluss-med-grundversorgung.html) [29. Juli 2024]
- Baumann A., Wyss K: *The shift from inpatient care to outpatient care in Switzerland since 2017: Policy processes and the role of evidence.* Health Policy 125 (4): 512-519, 2021
- BCG. *Die Zukunft des Schweizer Gesundheitssystems – Acht Ansätze zur Kosten- und Qualitätsverbesserung.* BCG-Studie, Zürich, April 2022.

- Biller-Andorno N., Kapitza Th: «*Der Patient im Mittelpunkt*» *am Beispiel der Ambulantisierung der Patientenversorgung*. Synapse 2: 1-3, 2022 (https://www.zora.uzh.ch/id/eprint/187358/1/Synapse_2_2022.pdf) [29. Juli 2024]
- Bircher J: *Towards a dynamic definition of health and disease*. Medicine, Health Care and Philosophy 8:335-341, 2005
- Bircher J: *Meikirch model: new definition of health as hypothesis to fundamentally improve healthcare delivery*. Integrated Healthcare Journal 2020;2:e000046. (doi:10.1136/ihj-2020-000046) [29. Juli 2024]
- Bircher J., Hahn E. G. The Meikirch Model as a Conceptual Framework for Person Centered Healthcare. Eur J Person Centered Healthcare 5 (2): 197-201, 2017
- Bravo P. et al: *Editorial: 20 years after the start of international Shared Decision-Making activities: Is it time to celebrate? Probably...* Z. Evid. Fortbild. Qual. Gesundh. Wesen (ZEFQ) 171: 1–4, 2022
- Bravo P. et al: *Special Issue "International Shared Decision Making Conference 2022*. Z. Evid. Fortbild. Qual. Gesundh. Wesen (ZEFQ) 171, 2022
- Bundesärztekammer: *Ergebnisse der Ärztestatistik zum 31.12.2023*. (https://www.bundesaerztekammer.de/baek/ueber-uns/aerztestatistik/2023) [29. Juli 2024]
- Callaars M., Seelen D: *Impactvolle netwerksamenwerking GezondVeluwe scoort op gezondheid, betaalbaarheid, kwaliteit van zorg en werkplezier*. Nieuwsbrief zorg en innovatie, 25. Januar 2024 (https://nieuwsbriefzorgeninnovatie.nl/impactvolle-netwerksamenwerking-gezondveluwe-scoort-goed-op-gezondheid-betaalbaarheid-kwaliteit-van-zorg-en-werkplezier/) (nur auf Niederländisch) [29. Juli 2024]
- Casarett D: *The Science of Choosing Wisely – Overcoming the Therapeutic Illusion*. N Engl J Med 374 (13): 1203-1205, 2016
- *De Droom*. (https://issuu.com/bernhoven/docs/de_droom_van_bernhoven) (nur auf Niederländisch) [29. Juli 2024]
- De Gani S.M. et al: *Konzeptpapier zur Gesundheitskompetenz*. Im Auftrag des Bundesamtes für Gesundheit (BAG), Bern. Careum Zentrum für Gesundheitskompetenz, Zürich, 2023.

- De Gani, S.M: *Health Literacy Survey Schweiz 2019-2021. Schlussbericht.* (V2) Im Auftrag des Bundesamtes für Gesundheit BAG. Careum Stiftung, Zürich, 2021
- Delamater P.L. et al: *Do More Hospital Beds Lead to Higher Hospitalization Rates? A Spatial Examination of Roemer's Law.* PLoS ONE 8(2): e54900. (doi:10.1371/journal.pone.0054900) [29. Juli 2024]
- Deloitte. *Hospital at Home. Ein Modell mit Zukunft.* Zürich, 2022
- De Regge M. et al: *The introduction of hospital networks in Belgium: The path from policy statements to the 2019 legislation.* Health Policy 123 (7): 601-605, 2019 (doi.org/10.1016/j.healthpol.2019.05.008) [29. Juli 2024]
- De Raeve P. et al: *Advanced practice nursing in Europe–Results from a pan-European survey of 35 countries.* J Adv Nurs. 80: 377-386, 2024
- Donabedian A: *Evaluating the Quality of Medical Care.* Milbank Q., 44 (3): 166–203, 1966 (doi: 10.1111/j.1468-0009.2005.00397.x) [29. Juli 2024]
- Donabedian A: *Explorations in Quality Assessment and Monitoring, The Definition of Quality and Approaches to its Assessment.* Health Administration Press. Ann Arbor, 1980
- Driever E.M., Stiggelbout A.M., Brand P.L.P: *Do consultants do what they say they do? Observational study of the extent to which clinicians involve their patients in the decision-making process.* BMJ Open2022;12:e5056471 (doi:10.1136/bmjopen-2021-056471) [29. Juli 2024]
- Driever E.M., Stiggelbout A.M., Brand P.L.P: *Shared decision making: Physicians' preferred role, usual role and their perception of its key components.* Patient Educ Couns 103 (1): 77-82, 2020
- Driever E.M. et al: *Why do medical residents prefer paternalistic decision making? An interview study.* BMC Medical Education 22:155, 2022
- Eisenring Chr: *Hohe gesundheitskosten: Die Einheitskasse ist in der Schweiz plötzlich salonfähig.* NZZ, 10. Januar 2024
- Festen S: *Multidisciplinary decision-making in older patients with cancer. Balancing benefit, harm, and patient priorities.* PhD-Thesis, Universität Groningen, 2021

- Gadamer H-G: *Über die Verborgenheit der Gesundheit.* Suhrkamp Verlag, Frankfurt am Main, 1993
- Gerlach F. Interview: *Experte widerspricht: Kein allgemeiner Ärztemangel in Deutschland.* Berliner Zeitung, 31. Januar 2023 (https://www.berliner-zeitung.de/news/experte-widerspricht-kein-allgemeiner-aerztemangel-in-deutschland-li.312922) [29. Juli 2024]
- Gerlinger Th: *Integrationsbedarf und Integrationsbemühungen.* Bundeszentrale für politische Bildung, Bonn, 22. September 2017 (https://www.bpb.de/themen/gesundheit/gesundheitspolitik/255484/integrationsbedarf-und-integrationsbemuehungen/) [29. Juli 2024]
- Ginsburg G.S., Picard R.W., Friend S.H: *Key Issues as Wearable Digital Health Technologies Enter Clinical Care.* N Engl J Med 390: 1118-1127, 2024
- Glas G. (Ed.): *Normative Practices.* Special Issue. Philosophia Reformata 82 (2), 2017
- Glas, G: *A normative practice approach to healthcare.* In: Vries M.J. de, Jochemsen H. (Eds.). *The Normative Nature of Social Practices and Ethics in Professional Environments*: 164-184. IGI Global, Hershey (USA), 2019
- Golder L. et al: *Brennpunkt Versorgungsqualität.* Gfs.bern, September 2023 (https://www.fmh.ch/files/pdf29/2023-10-25_fmh_schlussbericht_repraesentative-befragung.pdf) [29. Juli 2024]
- Grand V: *Zusammenarbeit zwischen Gesundheitsfachpersonen und Patient*innen: Eine Partnerschaft, die gewisse Kompetenzen benötigt/erfordert.* Präsentation Nationales Symposium FMC Integrierte Versorgung, Juni 2023 (https://fmc.ch/wp-content/uploads/2023/11/Symposium-2023Partizipative-Gesundheitsversorgung_Vanessa-Grand.pdf) [29. Juli 2024]
- Griffiths P. et al: *Nursing Team Composition and Mortality Following Acute Hospital Admission. JAMA Netw Open.* 7(8):e2428769, 2024 (doi:10.1001/jamanetworkopen.2024.28769) [23. Dezember 2024]

- Grote-Westrick M., Schwenk U: *SPOTLIGHT Gesundheit: Choosing Wisely. Daten, Analysen, Perspektive 2.* Bertelsmann Stiftung, Gütersloh, 2017
- Grote-Westrick M. et al: *Überversorgung – eine Spurensuche.* Bertelsmann Stiftung, Gütersloh, 2019
- Grotlüschen. A: *LEO 2018 – Leben mit geringer Literalität.* Pressebroschüre, Hamburg, 2019 (http://blogs.epb.uni-hamburg.de/leo) [29. Juli 2024]
- Gruber A: *Faktenblatt «Patienten- und Personenzentrierung – Konzepte und Rezeption in der Schweiz».* Hrsg. CURAVIVA Schweiz, Fachbereich Menschen im Alter, 2020
- Hambrock U: *Erfahrungen mit Überversorgung Qualitativ-psychologische Studie mit Patienten und Ärzten.* Bertelsmann Stiftung, Gütersloh, 2019
- Hanke S: *MB-Monitor 2022: Belastende Arbeitsbedingungen für Ärztinnen und Ärzte* (https://aerztestellen.aerzteblatt.de/de/redaktion/mb-monitor-2022#) [29. Juli 2024]
- Haserück A., Kurz Ch., Lau T: *Medizinische Versorgung: Chance Ambulantisierung.* Dtsch Arztebl 119 (37): A-1507/B-1262, 2022 (https://www.aerzteblatt.de/archiv/227384/Medizinische-Versorgung-Chance-Ambulantisierung) [29. Juli 2024]
- *Healthcare in Denmark. An overview.* Ministry of Health, Kopenhagen, 2017
- Hehli S: *Für Einsparungen im Gesundheitswesen: Krankenkassen-Chef Boyer plant Maßnahmen – und stellt Forderungen.* NZZ, 20. März 2024
- Hehli S: *Wenn die einzelne Behandlung nichts mehr kostet: Bern will das Gesundheitswesen revolutionieren.* NZZ, 28. Oktober 2022
- Hesselink G. et al: *Time spent on documenting quality indicator data and associations between the perceived burden of documenting these data and joy in work among professionals in intensive care units in the Netherlands: a multicentre crosssectional survey.* BMJ Open 2023;13:e062939. (doi:10.1136/bmjopen-2022-062939) [29. Juli 2024]
- Hesselink G., Branje F., Zegers M: *What Are the Factors That Influence Job Satisfaction of Nurses Working in the Intensive*

Care Unit? A Multicenter Qualitative Study. J Nursing Manag ID6674773, 2023 (doi.org/10.1155/2023/6674773) [29. Juli 2024]

- HIMSS Europa: *Auf den Spuren der Zeitdiebe im Krankenhaus: Die wahre Belastung durch Dokumentation an deutschen Akutkrankenhäusern wird unterschätzt.* Berlin, 2015
- Hostettler S., Kraft E: *FMH-Ärztestatistik 2020 – die Schweiz im Ländervergleich.* Schweiz Ärzteztg. 2021;102(12):417-422 (https://saez.swisshealthweb.ch/de/article/doi/saez.2021.19698) [29. Juli 2024]
- Hostettler S., Kraft E: *FMH-Ärztestatistik 2020 – Geringe Hausarztdichte und grosse Auslandsabhängigkeit.* Schweizerische Ärztezeitung 104 (12) 24-29, 2023 (https://www.fmh.ch/files/pdf29/1162604427-de-fmh-aerztestatistik-56.pdf) [29. Juli 2024]
- Howick J. et al. *Most healthcare interventions tested in Cochrane Reviews are not effective according to high quality evidence: a systematic review and meta-analysis.* J Clin Epidemiol 148:160-9, 2022
- Howick J. et al. *The quality of evidence for medical interventions does not improve or worsen: a Meta-Epidemiological Study of Cochrane Reviews.* J Clin Epidemiol 126: 154-159, 2020
- Hudec J: *Immer mehr Schweizer Spitäler stecken in tiefroten Zahlen und fordern Finanzspritzen – es gäbe bessere Auswege aus der Krise.* NZZ, 27. März 2024
- Huber M.A.S. et al.: *How should we define health?* BMJ 2011; 343:d4163
- Huber M. et al: *Towards a 'patient-centred' operationalisation of the new dynamic concept of health: a mixed methods study.* BMJ Open 5:e010091, 2016. doi:10.1136/bmjopen-2015- 010091
- Hurrelman K., Klinger J., Schaeffer D: *Gesundheitskompetenz der Bevölkerung in Deutschland im Zeitvergleich der Jahre 2014 und 2020. Gesundheitswesen 85 (04): 314-322, 2023* (doi: 10.1055/a-1709-1011) [29. Juli 2024]
- Illich I: *Medical nemesis: The Expropriation of Health.* Pantheon Books, New York, 1976

- Inniger M: *Nurse Practitioner: weder Ärztin noch Pflegefach-person – oder beides?* Frequenz 3 (12): 14-15, 2019 (2019_12_BFH_frequenz_03_v11_web.pdf) [29. Juli 2024]
- Institute of Medicine. *To Err Is Human: Building a Safer Health System*. The National Academies Press, Washington, DC, 1999
- Institute of Medicine. *Crossing the Quality Chasm: A New Health System for the 21st Century*. National Academy Press, Washington D.C., 2001
- Jadad A.J (Ed.): *Trusted Networks*. Beati Inc., Toronto, 2018
- Kärki T. et al: *Burden of healthcare-associated infections in European acute care hospitals.* Wien Med Wochenschr 169 (Suppl.1): 3-5, 2019
- Käufer K., Scharmer K.O., Versteegen U: *Breathing Life Into a Dying System: Recreating Healthcare from Within*. Reflections 5 (3): 1-12, 2003
- Kelly Costa D., Valley Th.S., Friese Chr.R: *Adressing the Nursing Workforce Crisis Through Nurse-Physician Collaboration.* JAMA Intern Med, online 25. März 2024 (doi:10.1001/jamainternmed.2024.0183) [29. Juli 2024]
- Klauber J. et al (Eds.): *Krankenhaus-Report 2014, Schwerpunkt-thema: Patientensicherheit*. Schattauer-Verlag, Stuttgart, 2014
- Knöppler K. et al: *Positionspapier. Integrierte Versorgung 5.0. Hintergrund, Zielbild und Handlungsfelder*. DGIV, Berlin, 2023
- Kögel A., Lauerer M., Zank D: *Arbeitszeit von Ärztinnen und Ärzten in Deutschland: Ergebnisse des Mikrozensus mit Fokus auf Niedergelassenen.* Gesundheitswesen 86 (2): 118-123, 2024
- KPMG. *Integrierte Versorgung. Status quo und Ausblick*. Clarity on Healthcare. 2020 (https://assets.kpmg.com/content/dam/kpmg/ch/pdf/clarity-on-healthcare-integrierte-versorgung.pdf) [29. Juli 2024]
- KPMG. *Integrierte Versorgung. Ein zukunftweisender Ansatz*. 2016 (https://assets.kpmg.com/content/dam/kpmg/pdf/2016/03/ch-healthcare-integrated-care-de-02.pdf) [29. Juli 2024]
- Kreutzberg A: *International strategies, experiences, and payment models to incentivise day surgery.* Health Policy 140, 104968,

2024 (https://doi.org/10.1016/j.healthpol.2023.104968)
[29. Juli 2024]
- Kringos D.S: *The strength of primary care in Europe.* PhD-thesis Universität Utrecht, 2012
- *Loopbaanmonitor Medisch Specialisten 2024: Werkweek.* (https://loopbaanmonitormedischspecialisten.nl/resultaten/resultaat-2024/) (nur auf Niederländisch) [29. Juli 2024]
- *Loopbaanmonitor Medisch Specialisten 2022* (https://loopbaanmonitormedischspecialisten.nl/wp-content/uploads/2022/06/Rapportage-Loopbaanmonitor-Medisch-Specialisten-2022.pdf) (nur auf Niederländisch) [29. Juli 2024]
- Loughlin M: *Person Centered Care: Advanced Philosophical Perspectives. Editorial Introduction.* Europ J Person Centered Healthcare 8 (1): 20-33, 2020
- Lutz C: *Minder opnames op IC-afdeling ETZ door nieuwe aanpak.* Skipr, 20. März 2024 (https://www.skipr.nl/nieuws/minder-opnames-op-ic-afdeling-etz-door-nieuwe-aanpak/) (nur auf Niederländisch) [29. Juli 2024]
- MacIntyre A: *After virtue.* Notre Dame University Press, Notre Dame (USA), 1981
- Maio G: *Ärztliche Hilfe als Gesellschäftsmodell? Eine Kritik der ökonomischen Überformung der Medizin.* Dtsch Ärztebl 109 (16): A804-807, 2012
- Maio G: *Geschäftsmodell Gesundheit. Wie der Markt die Heilkunst abschafft.* Suhrkamp, Berlin, 2014
- Maio G: *Medizin ohne Maß.* Trias Verlag, Stuttgart, 2014
- Maio G: *„Eine gesunde Balance finden zwischen Machenkönnen und Akzeptierenlernen",* interview FH Campus Wien, 17 Mai 2017 (https://www.fh-campuswien.ac.at/die-fh/kaleidoskop/moeglich-machbar-sinnvoll/interview-mit-giovanni-maio.html) [29. Juli 2024]
- Maio G: *Ethische Reflexionen zur Identität der Medizin.* Ärzteblatt Mecklenburg-Vorpommern, 34 (2): 43-48, 2024 (https://www.aek-mv.de/upload/file/aerzte/Aerzteblattx/%C3%84B%20 02_24.pdf) [29. Juli 2024]

- Marang-van de Mheen P.J., Thomas E.J., Graber M.L: *How safe ist he diagnostic process in healthcare?* BMJ Qual Saf 33: 82-85, 2024 (doi:10.1136/bmjqs-2023-016496) [29. Juli 2024]
- Mazouri-Karker S. et al: *Perceptions of and Preferences for Telemedicine Use Since the Early Stages of the COVID-19 Pandemic: Cross-Sectional Survey of Patients and Physicians.* JMIR Hum Factors 10:e50740, 2023 (doi: 10.2196/50740) [29. Juli 2024]
- *MB-Monitor 2022: zu wenig Personal, zu viel Bürokratie, unzulängliche Digitalisierung. Gesamtauswertung MB-Monitor 2022* – Grafische Darstellung (https://www.marburger-bund. de/bundesverband/themen/marburger-bund-umfragen/ mb-monitor-2022-zu-wenig-personal-zu-viel-buerokratie) [29. Juli 2024]
- *MB-Monitor 2022: zu wenig Personal, zu viel Bürokratie, unzulängliche Digitalisierung. Gesamtauswertung MB-Monitor 2022* – IQME: S. 13 (https://www.marburger-bund.de/bundesverband/themen/marburger-bund-umfragen/mb-monitor-2022-zu-wenig-personal-zu-viel-buerokratie) [29. Juli 2024]
- Montgomery K: *How doctors think. Clinical judgement and the practice of medicine.* Oxford University Press, Oxford, 2006
- Mouton R., Schrijvers G: *Private, regionale, zorgverzekeraars die zorg gaan plannen? Niet doen.* Nieuwbrief zorg en innovatie, 14. März 2024 (https://nieuwsbriefzorgeninnovatie.nl/ private-regionale-zorgverzekeraars-die-zorg-gaan-plannen-niet-doen) (nur auf Niederländisch) [29. Juli 2024]
- Mouton R., Vos P: *Regionale zorginkoop: de burger praat mee (deel 2).* Nieuwbrief zorg en innovatie, 8. Mai 2021. (https:// nieuwsbriefzorgeninnovatie .nl/regionale-zorginkoop-de-burger-praat-mee-deel-2/) (nur auf Niederländisch) [29 . Juli 2024]
- National Academy of Medecine: *Valuing America's Health: Aligning Financing to Reward Better Health and Well-Being.* The National Academy Press, Washington, D. C., 2024
- Newman-Toker D. E. et al: *Burden of serious harms from diagnostic error in the USA.* BMJ Qual Saf 33: 109-120, 2024

- Niederberger M. et al: *Assistenzärzte arbeiten 11 Stunden pro Tag und verdienen weniger als im Studentenjob.* NZZ, 20 Februar 2023
- NIVEL. Heijmans M. et al: *Infografic. Eén op de drie Nederlanders heeft onvoldoende of beperkte gezondheidsvaardigheden – feiten en cijfers 2023.* NIVEL, Utrecht, 2024 (nur auf Niederländisch)
- NIVEL. Batenburg R. et al: *Cijfers uit de Nivel-registratie van huisartsen en huisartsenpraktijken: een actualisering voor de periode 2020-2022.* NIVEL, 2022 (nur auf Niederländisch)
- NIVEL. Bruijne M.C. et al: *Onbedoelde schade in Nederlandse ziekenhuizen. Dossieronderzoek van ziekenhuisopnames in 2004.* NIVEL/EMGO+ Instituut, Utrecht, 2007 (nur auf Niederländisch
- NIVEL. Keuper J., Schaaijk A. van, Batenburg R: *'Meer Tijd Voor De Patiënt' (MTVDP) in de huisartsenzorg: vergelijkend onderzoek naar zeven MTVDP-projecten ten behoeve van uitrol en structurele verankering van het MTVDP-concept.* Nivel, Utrecht, 2021 (nur auf Niederländisch)
- NIVEL. Langelaan M. et al: *Monitor Zorggerelateerde Schade 2008. Dossieronderzoek in Nederlandse Ziekenhuizen.* NIVEL/EMGO+ Instituut, Utrecht, 2010 (nur auf Niederländisch)
- NIVEL Langelaan M. et al: *Monitor Zorggerelateerde Schade 2011/2012. Dossieronderzoek in Nederlandse Ziekenhuizen.* NIVEL/EMGO+ Instituut, Utrecht, 2013 (nur auf Niederländisch)
- NIVEL. Langelaan M. et al: *Monitor Zorggerelateerde Schade 2015/2016. Dossieronderzoek bij overleden patiënten in Nederlandse ziekenhuizen.* NIVEL/EMGO+ Instituut, Utrecht, 2017 (nur auf Niederländisch)
- NIVEL. Van Schoten S. et al: *Kwaliteitsindicatoren en zorggerelateerde schade aan het levenseinde. Een retrospectief dossieronderzoek bij patiënten overleden in Nederlandse ziekenhuizen.* NIVEL/APH, Utrecht, 2022 (nur auf Niederländisch)
- NIVEL. Willems A.E.M. et al: *Gezondheidsvaardigheden in Nederland: factsheet cijfers 2021.* NIVEL, Utrecht, 2022 (nur auf Niederländisch)

- *Nurses Know Better*. (https://www.cooperatievgz.nl/zorgaan-bieders/zinnige-zorg/msz-nurses-know-better) (nur auf Niederländisch) [29. Juli 2024]
- *NVZ. Factsheet Arbeidsmarkt.* (https://nvz-ziekenhuizen.nl/actualiteit-en-opinie/schommelingen-arbeidsmarkt-ziekenhuisbranche) (nur auf Niederländisch) [29. Juli 2024]
- OBSAN. Roth S., Pellegrini S: *L' ambulatoire avant le stationnaire*. OBSAN Rapport 01/2024. Schweizerisches Gesundheits-observatorium (Obsan), Neuchâtel, 2024
- OBSAN. Merçay C., Grünig A., Dolder P: *Gesundheitspersonal in der Schweiz – Nationaler Versorgungsbericht 2021. Bestand, Bedarf, Angebot und Maßnahmen zur Personalsicherung.* Schweizerisches Gesundheits-observatorium (Obsan), Neuchâtel, 2021
- OECD: *Tackling Wasteful Spending on Health.* OECD-Publishing, Paris, 2017
- Peters G.M: *Exploring the potential of virtual hospital care.* PhD-thesis Universität Twente, 2024
- Pham Hm. et al. (Eds.): *Valuing America's Health: Aligning Financing to Reward Better Health and Well-Being.* NAM Special Publication. The National Academies Press, Washington, DC, 2024
- *Positionpapier: Nachhaltige Entwicklung des Gesundheitssytems.* Swiss Academic Communications, 14 (2), 2019
- *Prinses Maxima Centrum.* (https://www.prinsesmaximacentrum.nl/en/about-us/our-story) [23. Dezember 2024]
- PwC: *Fachkräftemangel im Gesundheitswesen: Wenn die Pflege selbst zum Pflegefall wird. Auswege aus der drohenden Versorgungskrise.* Juli 2022 (https://www.pwc.de/de/content/a893f304-8f55-402f-bd4e-2e080e4c45d0/pwc-fachkraeftemangel-im-gesundheitswesen-2022.pdf) [29. Juli 2024]
- PwC: *Schweizer Spitäler: So gesund waren die Finanzen 2021. Die Zukunft der Arbeit – unsere Fachkräfte von morgen.* PWC, 2022 (https://www.pwc.ch/de/publications/2022/spitalstudie-2022.pdf) [29. Juli 2024]

- PwC: *Zukunft der Versorgungslandschaft Schweiz. Von starren Spitalstrukturen zu flexiblen Netzwerken: Lösungen durch innovative Geschäftsmodelle.* PWC, 2020 (https://www.pwc.ch/de/publications/2020/zukunft-der-versorgungslandschaft-schweiz.pdf) [29. Juli 2024]
- *Réseau de l'Arc.* (https://www.reseaudelarc.net/de) [29. Juli 2024]
- Rietjens J.A.C. et al: *Improving shared decision-making about cancer treatment through design-based data-driven decision-support tools and redesigning care paths: an overview of the 4D PICTURE project.* Palliative Care & Social Practice 18: 1–15, 2024
- Trappenburg M, Schiffelers M.J: *How to Escape the Vicious Circle: The Challenges of the Risk Regulation Reflex.* European Journal of Risk Regulation, 3 (3): 283-291, 2012
- RIVM (Drewes H.W. et al.): *Regio's in beweging naar een toekomstbestendig gezondheidssysteem. Landelijke Monitor Proeftuinen – reflectie op 5 jaar proeftuinen. RIVM –* Rapport 2018-0140, 2018 (https://www.rivm.nl/bibliotheek/rapporten/2018-0140.pdf) (nur auf Niederländisch, Abstract in English) [29. Juli 2024]
- RIVM (Lemmens L. et al.): *Het toepassen van brede gezondheidsconcepten: inspirerend en uitdagend voor de praktijk. Ervaringen uit drie regio's.* RIVM-Rapport 2021-0245, 2022 (https://www.rivm.nl/bibliotheek/rapporten/2021-0245.pdf und https://www.rivm.nl/en/news/enthusiasm-and-challenges-when-adopting-broad-view-of-health) (nur auf Niederländisch, Abstract in English) [29. Juli 2024]
- Roemer M.I: *Bed supply and hospital utilization: a natural experiment.* Hospitals, Journal of the American Hospital Association 35: 36-42, 1961
- Rosca A. et al: *Gemeinsame Entscheidungsfindung: keine Modeerscheinung.* Schweiz Ärzteztg. 101(39): 1239-1241, 2020
- Rose N: *The politics of life itself.* Theory, Culture & Society, 18 (6): 1-30, 2001
- Rutgers M.J: *Umdenken im Gesundheitswesen.* Verlag Dr. Kovač, Hamburg, 2025

- Rutgers M.J., Berkel J: *New concepts in health care: some preliminary ideas.* Int J Hlth Planning Manag. 5: 215-220, 1990
- RVS (Raad voor Volksgezondheid en Samenleving): *Met de stroom mee. Naar een duurzaam en adaptief stelsel van zorg en ondersteuning.* Advies 23-04, Den Haag, 2023 (nur auf Niederländisch)
- Sabroe I. et al: *Error, injustice, and physician wellbeing.* Lancet 397: 872-873, 2021
- Schaeffer D. et al: *Gesundheitskompetenz der Bevölkerung in Deutschland – vor und während der Corona Pandemie: Ergebnisse des HLS-GER 2.* Bielefeld: Interdisziplinäres Zentrum für Gesundheitskompetenzforschung (IZGK), Universität Bielefeld, 2021 (doi.org/10.4119/unibi/2950305) [29. Juli 2024]
- Scharmer C.O: *The Essentials of Theory U: Core Principles and Applications.* Berrett-Koehler, Oakland, 2018
- Schepens M.H.J: *Measuring what Matters. Using claims data to evaluate healthcare outcomes and volume-outcome relationships.* PhD-Thesis, Universität Leiden, 2024
- Schneider E. C. et al: Mirror, Mirror 2021: *Reflecting Poorly: Health Care in the U. S. Compared to Other High-Income Countries.* The Commonwealth Fund, New York, 2021 (https://www.commonwealthfund.org/sites/default/files/2021-08/Schneider_Mirror_Mirror_2021.pdf) [29. Juli 2024]
- Schweizer Dachverband Lesen und Schreiben. (https://www.lesen-schreiben-schweiz.ch/) [29. Juli 2024]
- Schweizer Forum für Integrierte Versorgung fmc: *Bericht über die Erkenntnisse des fmc Symposiums am 21. Juni 2023 zum Thema «Erfolgreiche Integration mit den Patient:innen».* Neuägeri, 11. Januar 2024 (https://fmc.ch/symposium-2023/) [29. Juli 2024]
- Selby K. et al: *Shared decision making and patient and public involvement – Can they become standard in Switzerland?* Z. Evid. Fortbild. Qual. Gesundh. Wesen (ZEFQ) 171: 135-138, 2022
- SiRM: *Geschat potentieel digitale zorg – Onderzoek naar opbrengsten digitalisering van zorg.* Utrecht, Oktober 2023 (nur auf Niederländisch)

- Starfield B: *The Primary Solution. Put doctors where they count.* Boston Review 1. November 2005 (https://www.bostonreview.net/articles/barbara-starfield-the-primary-solution-doctors/) [29. Juli 2024]
- Starfield B: *The Importance of Primary Health Care in Health Systems.* Presentation Qatar-EMRO Primary Health Care Conference, Doha, Qatar, 2008
- Starfield B: *General Practice as an Integral Part of the Health System.* 16th Nordic Conference on General Practice, Kopenhagen, 2009
- Starfield B: *Primary care: an increasingly important contributor to effectiveness, equity, and efficiency of health services.* SESPAS report 2012, Gac Sanit, 2012 (doi:10.1016/j.gaceta.2011.10.009) [29. Juli 2024]
- Starfield, B., Shi L., Macinko J: *Contribution of Primary Care to Health Systems and Health.* Milbank Q.; 83 (3): 457–502, 2005 (doi: 10.1111/j.1468-0009.2005.00409.x) [29. Juli 2024]
- Sterenborg K: *Het personeelstekort in de zorg: oorzaken en oplossingen.* Dutch Health Hub. (https://www.dutchhealthhub.nl/artikel/personeelstekort-zorg-oorzaken-oplossingen/) (nur auf Niederländisch) [29. Juli 2024]
- Stichting Lezen en Schrijven. (https://www.lezenenschrijven.nl/reading-and-writing-foundation) [29. Juli 2024]
- Stiftung Gesundheit. *Ambulantisierung: Jede zweite Praxis sieht Risken – nur jede sechste Chancen.* September 2023 (https://www.stiftung-gesundheit.de/studien/im-fokus/ambulantisierung-chancen-risiken/) [29. Juli 2024]
- Stiggelbout A. et al: *Metro Mapping: development of an innovative methodology to co-design care paths to support shared decision making in oncology.* BMJ EvidenceBased Medicine 28: 291–294, 2023 (DOI: 10.1136/bmjebm-2022-112168) [29. Juli 2024]
- Strange Th.J., Castellanos M.R: *Medicine – Both a Science (Care) and an Art (CARE).* JAMA online 3. April, 2024. (doi:10.1001/jama.2024.2508) [29. Juli 2024]

- Szech N: *Becoming a bad doctor.* J Econ Behavior & Organization 80 (1): 244-257, 2011
- *Technical brief on strengthening the nursing and midwifery workforce to improve health outcomes: what is known about advancing roles for nurses: evidence and lessons for implementation.* WHO Regional Office for Europe, Copenhagen, 2023
- Trezzini B. et al: *Der Fachkräftemangel gefährdet die gute Versorgungsqualität.* Schweiz Ärzteztg., 104 (44): 26-30, 2023
- Valentijn P.P: *Rainbow of Chaos. A study into the theory and practice of integrated primary care.* PhD-Thesis Tilburg University, 2015
- Van den Brink G.T.W.J. et al: *PA and NP general practice employment in the Netherlands.* JAAPA 36 (12): 30-36, 2023 (DOI: 10.1097/01.JAA.0000991348.71693.1c) [29. Juli 2024]
- Van der Heide I., Heijmans M., Rademakers J: *Health literacy policies: European perspectives.* In: Orkan O. et al (Eds.): *International Handbook of Health Literacy; Research, practice and policy across the lifespan.* Policy Press Bristol (UK). 2019: 403-418
- Van der Veen W.: *Information Technology and Medication Safety.* PhD-Thesis, Universität Groningen, 2018
- Van der Velden T. et al: *Implementation of web-based hospital specialist consultations to improve quality and expediency of general practitioners' care: a feasibility study.* BMC Fam Pract 20 (1):73, 2019 (https://doi.org/10.1186/s12875-019-0960-5) [29. Juli 2024]
- Van der Weijden T. et al: *Shared decision-making in the Netherlands: Progress is made, but not for all. Time to become inclusive to patients.* Z. Evid. Fortbild. Qual. Gesundh. Wesen (ZEFQ) 171: 98–104, 2022
- Van Hoorn B.T. et al: *Effectiveness of a digital vs face-to-face preoperative assessment: A randomized, noninferiority clinical trial.* J Clin Anestesia 90: 111192, 2023 (doi.org/10.1016/j.jclinane.2023.111192) [29. Juli 2024]
- Van Weert N., Hazelzet J.A. (Eds.): *Personalized Specialty Care: Value Based Healthcare Frontrunners from the Netherlands.* Springer, Berlin, 2021

- Vonlanthen R. et al: *Toward a Consensus on Centralization in Surgery.* Ann Surg. 268 (5): 712-724, 2018 (doi.org/10.1097/SLA.0000000000002965) [29. Juli 2024]
- Vosman, F., Baart, A: *Aannemelijke zorg.* Eintrittsrede, Universität Tilburg, Den Haag: Lemma, 2008 (nur auf Niederländisch)
- Wagenaar H: *Het Bernhoven model. The way to go!* Nieuwsbrief Zorg & Innovatie, 13. März 2024 (https://nieuwsbriefzorgeninnovatie.nl/het-bernhoven-model-the-way-to-go/) (nur auf Niederländisch) [29. Juli 2024]
- Weaver M.D. et al: *Systematic Review of the Impact of Physician Work Schedules on Patient Safety with Meta-Analyses of Mortality Risk. The Joint Commission Journal on Quality and Patient Safety* 49: 634-647, 2023
- Weber A: *In der Schweiz fehlen Tausende Hausärzte – wir zeigen wo.* NZZ, 22. Februar 2024
- Wetenschappelijke Raad voor het Regeringsbeleid (WRR): *Kiezen voor houdbare zorg. Mensen, middelen en maatschappelijk draagvlak.* WRR-Rapport 104, Den Haag, 2021 (nur auf Niederländisch)
- WHO: *Constitution.* (www.who.int/about/governance/constitution) [29. Juli 2024]
- WHO. *Global patient safety report 2024.* World Health Organization, Genf, 2024 (www.who.int/publications/i/item/9789240095458) [29. Juli 2024]
- WHO. *Patient safety day 2019* (www.who.int/news-room/detail/13-09-2019-who-calls-for-urgent-action-to-reduce-patient-harm-in-healthcare) [29. Juli 2024]
- Wilman S: '*VWS laat zich onzin verkopen over opbrengsten digitalisering van de zorg'.* Zorgvisie, 8. Februar 2024 (www.zorgvisie.nl/vws-laat-zich-onzin-verkopen-over-opbrengsten-digitalisering-van-de-zorg/) (nur auf Niederländisch) [29. Juli 2024]
- Zegers M. et al: *Eindrapport Experiment Zinvolle Registratie (ZIRE) op Intensive Care afdelingen in de regio.* NFU Consortium Kwaliteit van Zorg, Utrecht, 2023 (nur auf Niederländisch)

- Zegers M. et al: *Perceived Burden Due to Registrations for Quality Monitoring and Improvement in Hospitals: A Mixed Methods Study.* Int J Health Policy Manag 11(2), 183–196, 2022
- Zegers M. et al: *Putting measurement on a diet: development of a core set of indicators for quality improvement in the ICU using a Delphi method.* BMC Health Services Research 22: 869, 2022 (doi.org/10.1186/s12913-022-08236-3) [29. Juli 2024]
- Zegers M. et al: *Adverse events and potentially preventable deaths in Dutch hospitals: results of a retrospective patient record review study.* Qual Saf Health Care 18(4): 297-302, 2009 (doi: 10.1136/qshc.2007.025924) [29. Juli 2024]
- Zucker A: «*Wir haben zu viele Ärzte*». NZZ, 23. September 2023

OR AUTOREN A HEART FOR AUTHORS À L'ÉCOUTE DES AUTEURS MIA KAPΔIA ΓIA ΣYΓΓP/
OR FÖRFATTARE UN CORAZÓN POR LOS AUTORES YAZARLARIMIZA GÖNÜL VERELIM SZÍ\
AUTORI ET HJERTE FOR FORFATTERE EEN HART VOOR SCHRIJVERS TEMOS OS AUTO$
SERCE DLA AUTORÓW EIN HERZ FÜR AUTOREN A HEART FOR AUTHORS À L'ÉCOUT
BCEЙ ДУШОЙ К АВТОРАМ ETT HJARTA FÖR FÖRFATTARE A LA ESCUCHA DE LOS AUTOR
ΔIA ΓIA ΣYΓΓ$ΦEIΣ UN CUORE PER AUTORI ET HJERTE FOR FORFATTERE EEN H
ERZÖINKÉRT SERCE DLA AUTORÓW EIN HERZ FÜR
ORAÇÃO BCEЙ ДУШОЙ К АВТОРАМ ETT HJARTA FÖR$

Der Autor

Dr. Maarten J. Rutgers (*1947) war Facharzt für
Neurologie, Chefarzt des Schmerzzentrums des
Universitätsspitals Rotterdam, CEO und Ver-
waltungsratspräsident in etlichen Spitälern. Er ist
Mitglied des Ethikrats von Sanquin, der niederländischen Blutspende-Organisation. Er promo-
vierte mit „Geneeskundige en maatschappelijke
aspecten van de zorg voor epilepsiepatiënten in
Nederland" (Medizinische und soziale Aspekte der
Versorgung von Epilepsiepatienten in den Niederlanden). Artikel aus seiner Feder sind in zahlreichen
Fachzeitschriften erschienen. Zu seinen bisherigen
Veröffentlichungen zählen „Gezondheidszorg als
handelswaar. Worden we daar beter van?..." (Ge-
sundheitssorge als Handelsware. Geht es uns dann
besser?), „Gezondheidszorg Markt Samenleving"
(Gesundheitswesen Markt Gesellschaft) und „Umdenken im Gesundheitswesen". Er ist außerdem
an der Fachzeitschrift Civis Mundi (Zeitschrift für
Sozialphilosophie und Kultur) beteiligt.

Der Verlag

*Wer aufhört
besser zu werden,
hat aufgehört
gut zu sein!*

Basierend auf diesem Motto ist es dem novum Verlag
ein Anliegen, neue Manuskripte aufzuspüren, zu ver-
öffentlichen und deren Autoren langfristig zu fördern.
Mittlerweile gilt der 1997 gegründete und mehrfach
prämierte Verlag als Spezialist für Neuautoren in
Deutschland, Österreich und der Schweiz.

**Für jedes neue Manuskript wird innerhalb we-
niger Wochen eine kostenfreie, unverbindliche
Lektorats-Prüfung erstellt.**

Weitere Informationen zum Verlag und
seinen Büchern finden Sie im Internet unter:

w w w . n o v u m v e r l a g . c o m